리더, 자기 생각에 속지 마라

직장인들이 흔히 범하는
오해와 착각

—— 김종명 지음 ——

리더,
자기 생각에
속지 마라

에디터
editor

자기를 괴롭히는 건 자기 생각이다

"부장님 때문에 직장 생활 못하겠다."

"아이들 때문에 속상해서 못 살겠다."

"누구 때문에 못 살겠다."

"누구 때문에 화가 난다."

이런 말들은 모두 거짓말이다. 누구 때문에 속상한 게 아니라 자신이 그렇게 생각하기 때문에 속상한 거다. 똑같은 말을 들었는데 어떤 사람은 화를 내고 어떤 사람은 화를 내지 않는다면, 이는 그 말 때문에 화가 나는 것인가? 아니면 그 말을 들은 사람의 해석 때문에 화가 나는 것인가?

똑같은 말을 상사가 하면 기분 나쁘고, 부하 직원이 했을 땐 기분 나쁘지 않다면, 이는 그 말 때문인가? 그 말을 들은 사람의 해석 때문인가?

우리는 즉각적으로 일어나는 자신의 생각에 대해 별다른 의문을 제기하지 않고 그대로 받아들인다. 자기 생각이 옳다고 판단하기 때문에 다른 사람들에 대해 화가 나고 열을 받는다.

'우리 조직은 비전이 없다. 복리후생이 나쁘다. 일이 너무 많다. 나는 허드렛일을 한다. 보상을 제대로 해주지 않는다. 부하는 무능력하고, 동료는 경쟁자이며, 상사는 괴롭힌다. 퇴직 후엔 뭘 해야 할지 막막하다…….'

직장인들이 주로 하는 고민들이다. 하지만 이 고민들이 사실일까?

이들과 대화를 나눠보면 이 말들은 사실이 아닌 경우가 대부분이었다. 그냥 자신이 그렇게 생각하는 거였다. 이런 과정을 통해 알게 된 게 있다.

'자기를 괴롭히는 건 상대방이 아니라 자기 생각이다. 우리들의 고민은 실제로 존재하는 게 아니라 우리들의 생각 속에서만 존재한다.'

즐겁다거나 행복하다거나 괴롭다는 건 모두 자기 생각이다. 세상은 즐겁지도 행복하지도 괴롭지도 않다. 그저 있는 그대로의 모습으로 존재할 뿐이다. 현실은 아무것도 바뀐 게 없어도 생각이 바뀌면 세상이 다르게 보인다.

그중 대표적인 게 '직장은 정글'이라는 생각이다.

친한 동료가 있다. 실력도 있고 성품도 좋다. 그런데 직장 생활이 별로 행복하지 않다. 그는 직장을 전쟁터라고 생각한다. 동료를 서로 경쟁하고 싸워서 무찔러야 할 대상으로 생각한다. 그는 매일 전쟁을 치르는 마음으로 출근한다. 그가 직장에서 행복할 수 없는 건 당연하다.

코칭을 하면서 많은 사람들을 인터뷰했다. 같은 직장에 다니는 사람들을 인터뷰하는데 사람마다 받아들이는 자기 직장이 달랐다.

"우리 회사는 지옥입니다."

"우리 회사는 다닐 만합니다. 이 정도면 최고지요."

"우리 상사는 엉터리입니다. 최악입니다."

"우리 상사는 괜찮습니다. 존경까진 아니어도 제법 괜찮은 사람입니다."

모두 같은 회사, 같은 상사에 대한 인터뷰 내용이다. 어떤 사람은 지옥 같은 직장에 다니고 있었고, 어떤 사람은 최고의 회사에 다니고 있었다. 이걸 결정하는 게 뭘까?

'자기 생각이다.'

같은 직장에 다니고 있는 동료라고 해서 같은 직장에 다니는 게 아니다. 사람들은 오직 자기가 생각하는 세상에 살고 있다.

유식무경(唯識無竟)이다. 오직 자기 생각만 있을 뿐 다른 건 존재하지 않는다. 사람들은 모두 자기 생각이 만들어낸 자기 생각 속의 직장에 다니고 있다.

제1장 '자기가 만들어낸 세상'에서는 직장인들을 힘들게 하는 대표적인 생각이 무엇인지 살펴보았다.

'직장은 학교가 아니다. 직장은 전쟁터다. 동료가 아니라 적이다. 내일은 없다.'

주로 이런 생각들이 직장인들을 괴롭힌다. 그런데 이런 생각들은 한 꺼풀만 벗겨내면 진실이 달라진다.

이런 논리다.

어떤 사람이 노를 저어 가고 있는데 멀리서 배 한 척이 다가오는 것이 보였다. 그대로 계속 온다면 충돌할 게 분명했다. 뱃사공은 고함을 질렀다.

"이보시오. 배 방향을 바꾸시오. 당신이 그대로 계속 온다면 우린 부딪칠거요."

그러나 배는 아랑곳하지 않고 계속 다가왔다. 뱃사공은 자기 말을 무시하고 다가오는 게 더욱 화가 났다. 뱃사공은 온갖 욕을 다하면서 가까스로 충돌을 피했다. 배가 옆으로 지나가는 순간, 뱃사공은 피식 웃고 말았다. 그 배에는 아무도 타고 있지 않았다. 빈 배였다. 빈 배에 대고 길길이 고함지르고 날뛰었던 자기 모습이 우습기만 했다.

비록 현실은 바뀌지 않겠지만 자기 생각의 오류만 알아차려도 즉시 고통에서 벗어날 수 있다.

제2장 '걸림돌인가, 디딤돌인가?'에서는 상사와 원만한 관계를 맺고 서로 돕는 동료가 되는 방법에 대해 살펴봤다.

상사 때문에 직장 생활 못하겠다는 사람들이 있다. 부하들과는 잘 지내는데 상사와의 관계는 힘들다고 한다. 위험한 생각이다. 상사는 언제든 디딤돌이 될 수도 있고, 걸림돌이 될 수도 있다. 자기 생각의 오류에서 빠져나와야 한다.

'알면서 나쁜 짓 하는 사람과 모르고 나쁜 짓 하는 사람 중에서 누가 더 큰 화를 입겠는가?'

흔히들 알면서 나쁜 짓 하는 사람이 더 큰 화를 입는다고 한다. 잘못된 생각이다. 모르고 나쁜 짓 하는 사람이 더 큰 화를 입는다. 아주 뜨겁게 달구어진 쇳덩이를 어떤 사람은 모르고 잡았지만, 또 다른 사람은 알고 잡았다면 누가 더 심하게 데었겠는가?

아는 것과 모르는 건 엄청난 차이다.

제3장 '함께 만드는 세상'에서는 행복하게 소통할 수 있는 방법에 대해 살펴봤다.

우리는 주로 말을 통해 소통한다. 그런데 말에는 한계가 있다. 우리가 어떤 말을 하는 순간, 다른 측면은 말하지 않은 게 된다. 선을 그어놓고 볼록하다고 말하는 순간, 반대 측면에서 보면 틀린 것이 된다. 반대 측면에서 보면 오목하기 때문이다. 말은 언제나 표현되는 순간 틀리게 된다. 개구즉착(開口卽錯)이다. 말에는 이런 한계가 있다는 걸 아는 게 매우 중요하다. 말은 표현되는 순간, 다른 관점에서 보면 언제나 틀린 말이 될 수밖에 없다. 그런데 우리는 자신의 말에 반대하면 상대방을 부정적이라고 딱지 붙인다.

'저 친구는 매사 부정적이야! 저 친구는 매사에 토를 달아!'

이런 생각이 관계를 망가뜨린다.

말은 선택이다. 내 말은 진실이 아니라 어느 한쪽을 선택한 것이다. 따라서 내 말은 언제든 반박받을 수 있고, 오해받을 수 있다. 내가 말하는 대로, 있는 그대로 상대방이 받아주길 기대하는 건 있을 수 없는 일이다. 그걸 기대하는 건 인간관계에 시한폭탄을 설치하는 것과 같다.

말로 설명할 수 없는 것들도 매우 많다. 또 어떤 표현을 하더라도 제대로 설명하기 어려운 경우가 있다. 말의 한계다. 언어도단(言語道斷)이다. 내 말은 있는 그대로 받아들여지지 않는다는 걸 알아야 직장 생활의 갈등을 줄일 수 있다.

제4장에서는 직장인들이 주로 묶여 있는 생각이 무엇이고, 어떻게 그 속박에서 벗어날 수 있는지에 대해 살펴보았다.

동료를 적으로 생각하는 직장인들이 있다. 이런 사람들을 보면 정말 안타깝다. 그것은 마치 오른쪽 발이 왼쪽 발을 경쟁자로 생각하는 것과 같다. 이런 생각에 속으면 직장 생활은 고달프기 짝이 없다. 우린 어떤 형태로든 일생 동안 사회 생활, 직장 생활을 한다. 그런데 주변 사람들이 모두 경쟁자이고 적이라면 어찌 되겠는가? 일생을 전쟁터에서 살아가는 꼴이 된다. 직장은 전쟁터라거나, 동료들은 적이라거나, 이런 생각에 속으면 안 된다. 우린 각자가 하나의 개체인 동시에 전체를 구성하는 완전체이다. '따로, 또 같이' 존재한다.

눈은 주위를 살피는 걸 담당하고, 발은 움직임을 담당하고, 손은 뭔가를 잡는 역할을 한다. 입은 씹는 역할을 하고, 위장은 소화를 시키고, 대장은 배설을 담당한다. 인체의 각 부분이 모여서 전체를 구성한다. 각자가 하나이면서 곧 전체를 이룬다. 일즉일체다즉일(一卽一切多卽一)이다. 하나가 곧 전체이고 전체가 곧 하나다.

이 중 어느 것 하나라도 작동하지 않으면 전체가 망가진다. 인체의 각 부분은 이처럼 서로 공존한다. 이것이 있으므로 저것이 있다. 직장도 마찬가지다. 어느 것 하나도 없어선 안 된다. 소홀하고 하찮은 것은 없다.

그런데 자기 생각에 속아서 이건 중요하고 이건 소홀하다고 착각한다. 누구는 중요하고 누구는 하찮은 사람이라고 자기 생각에 속는다. 이런 생각의 오류에서 벗어나야 괴로움에서 자유로울 수 있다.

직장인들이 자주 속는 생각에 대해 '김종명의 샐러리맨 코칭스쿨'이라는 제목으로 약 2년 동안 《이코노미스트》지에 칼럼을 연재했다. 그 내용을 주제별로 정리하고 보완한 게 이 책이다. 칼럼을 쓰는 내내 몰입했다.

'직장인들은 무엇을 힘들어하는가? 무엇 때문에 괴로운가?'

'어떻게 하면 행복한 직장 생활을 할 수 있을까?'

칼럼을 쓰면서 알게 됐다.

'모든 걸 결정하는 건 자기 생각이다. 자기 생각이 자신을 괴롭힌다.'

자기 생각의 오류만 알아도 쉽게 고통에서 벗어날 수 있는 게 많다. 특히 직장에선 더더욱 그렇다. '적으로 생각했는데 알고 보니 든든한 지원자다. 시시콜콜 반대하면서 토를 다는 줄 알았는데 창의적 아이디어맨이다. 상사가 걸림돌인 줄 알았는데 디딤돌이다. 자기 일이 사소한 건 줄 알았는데 알고 보니 중요한 일이다……'

뱀인 줄 알고 식겁해서 도망쳤는데 알고 보니 새끼줄이다. 씨익 웃으며 두려움에서 벗어난다. 이 책을 통해 직장인들이 자주 맞닥뜨리는 생각의 오류들을 확인하고 그 고통에서 벗어날 수 있기를 기대한다.

2017년 가을

김종명

차례

제2장 걸림돌인가, 디딤돌인가?

제3장 　함께 만드는 세상

제4장 자기 생각에 속지 맙시다

제1장

자기가 만들어낸
세상

직장은 정글인가, 놀이터인가?

　얼마 전 40대 초반 직장인을 코칭한 적이 있다. 그는 직장 생활이 너무 힘들다고 했다. 월급은 쥐꼬리보다 적은데 일은 태산같이 많다고 했다. 동료들과의 관계도 좋지 않아서 하루하루를 사는 게 지옥이라고 했다. 그렇게 힘든데 왜 직장 생활을 하는지 물었다. 가족을 먹여 살려야 하는 책임감 때문이라고 했다.

　"앞으로 5년 동안 이런 생활이 계속된다면 어떻게 하겠습니까?"라고 물었더니 화를 냈다. "저보고 앞으로 5년이나 더 이런 생활을 계속하라는 겁니까?"

　목구멍이 포도청이라 어쩔 수 없이 직장 생활을 한다는 사람들이 의외로 많다. 그들에게 물었다.

'직장 생활은 결코 행복할 수 없는 것인가?'

그들은 그게 엄연한 현실이라고 했다.

그렇다면 한번 따져보자.

'자기는 하기 싫은데 억지로 등 떠밀려서 직장 생활을 하는 건가?'

만약 그렇게 생각하고 있다면 착각이다. 사람들은 누구나 자신의 이익을 좇아 행동한다. 직장 생활도 마찬가지다. 다른 사람이 등을 떠밀어서 억지로 하는 게 아니라 자기 이익을 좇아서 스스로 하는 것이다. 일하는 대가로 경제적 보상을 받고 경제활동을 통해 가족에게 행복을 제공한다. 이게 직장 생활을 하는 목적이다. 그 과정에서 보람을 느끼고 사회에 공헌하고 기여하기도 한다.

자기가 원하는 수준보다 적은 대가를 받는다고 해서 직장 생활원래의 목적이 없어지는 건 아니다. 또 자기가 생각했던 시간보다훨씬 많은 노동을 제공한다고 해서 직장 생활의 목적이 사라지진않는다. 사정은 다르지만 우리는 모두 자신의 행복을 좇아 직장 생활을 할 뿐이다.

'그렇다면 뭐가 문제인가? 무엇이 우릴 이토록 힘들게 하는가?'

그건 바로 두려움 때문이다. 혹시 잘릴지도 모른다는 불안 때문에 더 열심히 일해야 한다는 강박에 사로잡히고, 은퇴 후에는 어떻게 살아가야 할지 두려운 거다. 그래서 더 불안해진다.

D그룹 강 부장은 워커홀릭이다. 아침 7시경에 출근해서 10시쯤 퇴근한다. 직장에서 무려 열다섯 시간을 보낸다. 집에 도착하면 11시다. 대충 정리하고 12시에 잠들면 다음 날 5시에 일어난다. 술이라도 한잔하는 날은 잠을 자는 둥 마는 둥 출근한다. 다람쥐 쳇바퀴 같은 이런 일상을 반복한다.

강 부장은 자신이 '시지포스의 형벌'을 받고 있다고 생각한다. 퇴근 후에 친구를 만나는 건 언감생심이다. 여가를 즐기고 자기 계발을 하는 건 사치다. 강 부장은 직장에선 행복이 있을 수 없다고 확신한다. 정글 같은 직장에서 살아남으려면 어쩔 수 없다고 생각한다. 내일의 행복을 위해 오늘의 행복은 뒤로 미루어야 한다는 사고방식에 사로잡혀 있다.

강 부장이 이렇게 생각하는 건 두려움 때문이다. 잘하고 싶은데 잘되지 않을까 봐 두려운 거다. 두려움이란 곧 욕구의 다른 표현이다. 동전의 양면과 같다.

프레젠테이션 때문에 불안해하는 사람을 만난 적이 있다. 왜 그렇게 불안해하는지 물었다.

"잘하고 싶은데 실수할까 봐 두렵습니다."

그렇다. '불안'은 '욕구'의 다른 이름이다. 잘하고 싶은 욕구 때문에 불안한 것이다. 잘하고 싶은 욕구가 없다면 처음부터 불안하지도 않다.

성과 때문에 강박에 사로잡힌 S기업 최 부장을 코칭한 적이 있다. 최 부장은 노심초사하면서 일했다. 최 부장에게 물었다.

"불안과 강박을 느끼는 이유가 뭡니까?"

"잘하고 싶은 욕구 때문입니다."

다시 물었다.

"불안과 강박은 욕구의 다른 이름이란 말인가요?"

놀라운 대답이 돌아왔다.

"사실 저는 자신을 속이고 있습니다. 가족의 행복을 위해 일한다고 하면서 가족과는 전혀 시간을 보내지 않고 있습니다. 또 자신의 성장을 위해 일한다고 하면서 정작 스스로를 위한 시간은 전혀 가지지 않고 있습니다. 이건 스스로를 속이는 겁니다. 자신에 대한 배반입니다."

최 부장의 성찰에 매우 놀랐다. 또 물었다.

"그럼 앞으로 어떻게 하고 싶은가요?"

최 부장이 대답했다.

"성과와 승진에 대한 두려움을 내려놓아야 할 것 같습니다. 하루하루 즐겁고 보람 있게 일하다 보면 성과와 승진은 결과로 나타날 겁니다. 자기가 하는 일에 가치를 부여하면서 일한다면 그게 모여서 곧 성과가 될 테니까요."

최 부장이 계속해서 말했다.

"스스로를 가치 없게 만드는 건 다른 사람이 아니라 저 자신입니다. 제 내면의 방해꾼이 <u>스스로</u> 한계를 정하고 발목을 잡습니다. 저 자신을 믿는 게 가장 중요합니다. 제가 믿으면 진실이 되고 제가 믿지 않으면 거짓이 됩니다. 저를 불안하게 하고 힘들게 만드는 건 다른 게 아니라 바로 제 생각입니다."

그렇다. 우리는 자신이 믿는 것만 사실이라고 생각한다. 자기가 믿으면 진실이고 자기가 믿지 않으면 거짓이다. 직장 생활은 결코 행복할 수 없다고 믿으면 그게 진실이 되고, 반대로 직장 생활도 얼마든지 보람 있고 의미 있고 행복할 수 있다고 믿으면 그게 바로 자신의 진실이 된다. 직장 생활이 삭막하다거나 행복하다는 건 모두 자신만의 진실이다.

〈직장은 인간이 찾아낸 최고의 놀이터다〉라는 글을 읽은 적이 있다(오래전이라 유감스럽게도 저자와 책 제목이 생각나지 않는다. 그래도 내가 만든 말은 아니어서 이런 식으로라도 밝힌다).

이 글을 읽고 난 후에 내 삶은 변했다. 그전까지 내겐 일은 의무였다. 무조건 잘해야 하는 대상에 불과했다. 열정적으로 일했지만 그래도 일은 일이었다. 즐거움은 별로 느끼지 못했다. 이 글을 읽은 후에 생각했다.

'어떻게 하면 직장이 즐거운 놀이터가 될 수 있을까?'

'어떻게 하면 즐기면서 일하고, 놀이처럼 일할 수 있을까?'

일단 직장은 전쟁터라는 생각부터 내려놓았다. 오직 죽기 살기로 잘해야 한다는 욕심도 내려놓았다. 시간이 지나면서 동료들은 적이 아니라 친구가 됐다. 내 생각이 바뀌면서 직장은 정글에서 놀이터로 변했다.

'직장은 자기가 만들어낸 세상이다. 자신이 정글이라고 생각하면 정글이 되고, 놀이터로 생각하면 놀이터가 된다.'

당신은 어떤가? 당신의 직장은 정글인가, 놀이터인가? 당신은 지금 정글에 있는가, 놀이터에 있는가?

리더, 자기 생각에 속지 마라

직원에게 상사는
불편한 존재다

"코치님, 어떻게 하면 계급장 떼고 대화할 수 있을까요?"

예전에 코칭했던 D그룹 박 사장의 질문이다. 이런 일이 가능할까? 호랑이가 토끼에게 편안하게 지내자고 한다는 게 가능하겠는가? 호랑이는 존재 자체로 토끼의 생존을 위협할 뿐이다. 마찬가지다. 사장이 계급장을 떼고 직원들과 편하게 대화한다는 건 불가능한 일이다. 직원들에게 사장은 그냥 불편한 존재일 뿐이다.

팀장이 없는 날은 팀원들에게 어린이날이라고 한다. 팀장이 없는 것만으로도 정말 편하다. 무두일(無頭日, 우두머리가 없는 날)이라는 말이 있을 정도다. 직원들에겐 국경일에 버금가는 날이다. 팀장이 꼭 나빠서 그런 게 아니다. 팀원들에게 팀장은 그냥 존재 자체로 불편할 뿐이다.

Y시청 국장 이야기다.

"코치님, 우리 집은 문제가 심각한 것 같습니다. 아내와 아이들은 자기들끼리 재밌게 이야기하다가도 제가 들어가면 입을 닫아버립니다. 그리고 또 제가 안방으로 들어가면 편안하게 대화하다가 제가 거실로 나오면 아무 말을 하지 않습니다. 이게 어떻게 된 걸까요? 어떻게 해야 하나요?"

그래도 이분은 가족들이 자기를 불편해한다는 걸 알고는 있다. 사실은 자기가 이런 대접을 받고 있는 것조차 모르는 아버지들이 더 많다.

내가 물었다.

"국장님은 예전에 아버지가 편하게 느껴지셨나요?"

"예. 저는 아버지가 불편하지 않았습니다. 우리 아버지는 권위를 내세우지 않는 분이라 친구처럼 편하게 지냈습니다."

이게 바로 이유였다. 국장은 자신의 존재가 주는 불편함을 모르고 있었다.

친구 같은 아버지?

그게 과연 가능할까?

아무리 그래도 아버지는 친구가 아니다. 아버지란 존재가 오죽 불편했으면 친구 같은 아버지라는 로망이 생겨났을까? 아버지는 친구가 아니라 그냥 아버지일 뿐이다. 이걸 알아차리지 못하고 거

스르려 하면 문제가 생긴다. 아마 국장도 그런지 모른다.

TV에서 가수 배철수 씨와 음악평론가 임진모 씨가 대화하는 걸 들었다. 임진모 씨가 자기는 친구 같은 아버지가 되기 위해 노력한다고 했다. 그래서 아이들과 일주일에 네 번 정도 저녁을 먹는다고 했다. 배철수 씨가 깜짝 놀라면서 물었다.

"너희 애들은 친구가 없냐? 왜 아버지가 친구가 돼야 하니?"

배철수 씨의 말이 신선하게 느껴졌다.

'아버지는 그냥 아버지일 뿐, 친구가 아니다.'

맞는 말이다. 각자 자기 존재 이유를 잊으면 곤란하다. 아버지가 아들을 친구처럼 생각하여 아들 모임에 따라다니고, 아들 친구들과 술도 같이 마시면 어떻게 될까? 옛날 사람들은 이를 일컬어 주책없다 했고 채신머리없다고도 했다.

회식할 때 최고로 환영받는 상사는 카드만 주고 자기는 참석하지 않는 사람이라고 한다. 두 번째로 환영받는 상사는 참석하긴 하지만 구석에 앉아서 아무 말도 하지 않고 조용히 음식만 먹는 사람이라고 한다. 그리고 세 번째는 비록 1차에서는 함께 즐기지만 2차엔 절대로 따라가지 않는 상사라고 한다.

가끔 눈치 없는 상사가 있다. 회식 때 가운데 앉아 술잔을 따르고 건배를 외치고 일장 연설을 하면서 좌중을 좌지우지하는 사람이다. 한술 더 떠 회식 자리에서 업무 지시를 하는 사람도 있다. 이런 사람들은 구제 불능이다. 그 어떤 구세주가 와도 이런 사람들은 구원

받을 수 없다고 한다. 그들은 알아차림이 없어서 구세주가 온 줄도 모르기 때문이다.

사람은 누구나 어떤 형태로든 다른 사람들에게 영향을 미친다. 즐거움을 줄 수도 있고 두려움을 줄 수도 있다. 불편함을 줄 수도 있고 편안함을 줄 수도 있다. 언제 어디서든 자기가 그 자리에서 어떤 존재인지, 다른 사람들에게 어떤 영향을 미치고 있는지 모르면 곤란하다.

S보험의 차 전무 이야기다. 차 전무가 근무하는 사무실은 17층이다. 엘리베이터에서 내려 사무실에 들어가면 차 전무가 있는지 없는지 금방 알 수 있다. 차 전무가 있으면 직원들이 고개를 들지 않는다. 사무실 맨 안쪽에서부터 출입문으로 걸어 나가면서 차 전무는 눈을 마주치는 직원들에게 온갖 업무 지시를 하기 때문이다. 그래서 직원들은 차 전무와 눈을 마주치지 않으려고 차 전무가 사무실에 있을 땐 고개를 숙이고 컴퓨터만 본다. 차 전무가 사무실에 없으면 직원들은 고개를 들고 희희낙락한다. 이런 사실을 차 전무만 모르고 있다. 자기가 직원들에게 어떻게 인식되고 있는지 모른다. 차 전무는 자신이 왕따 당하고 있는지를 모른다. 자신이 독재자라는 건 더더욱 알지 못한다.

얼마 전에 아들 결혼을 앞두고 상견례를 했다. 어떤 복장을 해야 할지, 만나서 어떤 말을 해야 할지 불편한 게 한두 가지가 아니었다. 불현듯 '아들 입장에서도 이렇게 신경 쓰이는 게 많은데 딸 가진 분의 입장은 어떨까?' 하는 생각이 들었다. 그래서 아들을 통해 복장은 어떤 차림이 편하겠는지, 장소는 어떤 곳이 좋겠는지, 음식은 뭐가 좋겠는지, 내가 불편하게 느껴지는 것들에 대해 사전 조율을 했다. 덕분에 상견례를 무사히 마칠 수 있었다. 그리고 상견례를 통해 아들에게 꽤 매너 있는 아버지로 인정받았다. 내 존재가 상대방에겐 많이 불편하리라는 걸 미리 알아차렸던 덕분이다.

관계에 있어선 자신이 상대방에게 얼마나 불편한 존재일지 알아차리는 게 매우 중요하다. 만나는 상대방이 느낄 불편함 또는 편안함을 제대로 알아차리지 못한다면 관계가 제대로 이루어지기 어렵다. 자기 존재가 주는 불편함을 제대로 알아차리는 게 관계의 비결이다.

사람은 누구나 다른 사람들에게 불편함을 준다. 이 불편함을 조금이라도 덜어줄 방법이 있다. 바로 상대방의 기분을 세심하게 살피는 것이다. 상대방의 기분을 좋게 하려고 의도적으로 노력하는 것이다. 부하 직원을 만나면 부하 직원의 기분이 어떤지 살피고, 의도적으로 편하게 해주려고 노력하는 거다. 친구를 만나면 친구의 기분이 어떤지 살피고, 의도적으로 편하게 해주려고 노력하는 거다. 자녀, 동료, 배우자, 거래처…… 누굴 만나든 그들의 기분을 세심하게 살피고, 그들을 의도적으로 편하게 해주려고 노력하는 것, 이게 자기 존재의 불편함을 조금이라도 덜어줄 수 있는 최소한의 방법이다.

안도현의 시 〈너에게 묻는다〉 중에 "연탄재 함부로 차지 마라. 너는 누구에게 한 번이라도 뜨거운 사람이었느냐"는 구절이 있다.

이 구절이 내겐 '너는 누구에게 한 번이라도 의도적으로 편안하게 해주려고 노력해봤느냐?' 하는 말로 들린다.

칼퇴근은
로망이 아니다

코칭을 하면서 만난 최악의 사람이 있다. M기업 신 부장은 코칭 일정을 제 날짜에 지킨 적이 거의 없다. 몇 번씩이나 스케줄을 어기고 나서야 겨우 코칭을 할 수 있었다. 그리고 코칭하는 내내 코칭에 집중하지 못했다. 신 부장의 출퇴근 시간은 아무도 모른다. 제일 먼저 출근해서 제일 늦게 퇴근하기 때문이다. 심지어 회식을 하고 난 후에도 회사로 돌아와 일하곤 했다. 회사에 있는 시간은 많지만 피로가 누적되어, 집중하지 못하기 때문에 일의 효율은 현저하게 낮았다.

같은 회사의 장 부장은 칼퇴근했다. 장 부장은 '칼퇴근은 능력'이라고 주장했다. 장 부장이 말했다.

"정시에 퇴근하는 건 능력입니다. 일을 효과적이고 체계적으로 처리할 수 있어야 정시 퇴근이 가능합니다. 생각해보세요. 매일 늦게 퇴근하느라 피로에 찌들어서 다음 날 허겁지겁 출근하고, 그날 해야 할 일을 제대로 검토해보지도 못한 채, 이리저리 회의에 불려 다니고, 상사의 긴급 지시 사항을 처리하다 보면 파김치가 됩니다. 하루 종일 무얼 했는지도 모릅니다. 남들이 퇴근할 시간쯤에야 비로소 정신을 차립니다. 야근을 해야 비로소 하루 업무를 마무리할 수 있습니다. 오늘도 또 야근입니다. 내일은 어떨까요? 야근을 할 수밖에 없는 구조입니다. 야근의 악순환이죠."

패션 회사에 근무할 때 보면, 능력 있는 디자인 실장은 정시에 퇴근하는 반면에 제대로 성과를 내지 못하는 디자인 실장은 항상 야근을 했다. 칼퇴근하는 디자인 실장은 퇴근 후에 매장을 둘러보기도 하고 업계 사람들을 만나 패션 동향에 대한 정보를 얻기도 했다. 일찍 퇴근해 TV를 보면서 휴식을 취하거나 소비자들의 패션 트렌드를 파악하기도 했다. 무엇보다 피곤하지 않기 때문에 다음 날 집중하고 몰입해서 일했다. 반면에 항상 야근을 하는 디자인 실장은 파김치가 되어 퇴근하느라, 매장을 둘러볼 시간도 없을 뿐만 아니라 업계 동향을 파악한다는 것은 언감생심이었다. 창의적인 일을 해야 하는 디자이너인데 항상 피로가 누적되어 창의력을 발휘하기 힘든 상태로 일했다.

정시 퇴근은 개인의 역량에 기인하는 측면도 있지만, 실제로는 조직 문화적 측면이 더 큰 요인이다. 코칭하면서 야근을 많이 하는 사람들에게 이유를 물으면 화를 내는 사람들도 있다.

"누구는 정시 퇴근을 안 하고 싶어서 그러는 줄 아느냐? 당신은 현실을 모른다. 정시에 퇴근할 수 있는 환경이 전혀 조성되어 있지 않다."

이들이 말하는 정시 퇴근을 하지 못하는 이유는 대체로 이렇다.

첫째, 직장 분위기가 야근을 강요하고 있다. 윗사람들이 야근하는 걸 좋아한다. 정시에 퇴근하면 열심히 일하지 않는 사람으로 낙인찍고, 야근을 많이 하면 열심히 일하는 것으로 생각한다.

둘째, 성과가 나쁘면 일하는 척이라도 해야 하기 때문에 어쩔 수 없이 야근하는 모습이라도 보여줘야 한다.

셋째, 상사가 퇴근하지 않는데 먼저 퇴근하는 게 눈치 보인다.

넷째, 일이 너무 많다. 해도 해도 끝이 없다. 야근하지 않으면 업무를 제대로 마무리하기 어렵다.

다섯째, 일을 제때 끝내고 정시에 퇴근하면 업무가 적어서 그렇다 생각하고 새로운 업무를 준다. 적당히 일의 속도를 조절하면서 다른 사람들과 보조를 맞추는 게 현명하다.

여섯째, 다른 사람들은 일하고 있는데, 혼자만 퇴근하면 팀워크를 해친다고 생각한다.

이외에도 수많은 이유가 있을 것이다. 그러나 분명한 것은 일시

적으로는 야근을 할 수도 있지만 그게 계속되면 심각한 문제가 발생한다는 거다. 직원들이 계속해서 야근하고 있다면 리더는 자신의 리더십에 심각한 문제가 있다고 생각해야 한다.

"자, 빨리 퇴근합시다."

"김 과장, 왜 빨리 퇴근 안 합니까?"

"김 부장, 빨리 퇴근시키세요."

이런 공허한 멘트를 날리는 무책임한 상사가 되어선 안 된다.

정시 퇴근을 강조하기 위해 퇴근 시간이 되면 건물의 모든 불을 끄는 회사가 있었다. 직원들은 일이 남았는데 회사에선 일방적으로 불을 꺼버렸다. 일주일이 지나자 진짜로 일을 해야 하는 사람들은 개인 전등을 구입해서 일하는 웃지 못할 현상이 생겼다. 정시 퇴근은 입으로만 떠벌리는 캠페인이 아니다. 회사의 전반적인 상황과 업무 시스템, 직원들의 역량 등에 대한 철저한 연구 없이 입으로만 정시 퇴근을 외치는 건 공염불에 불과하다. 매출액이나 목표 달성률, 이익률 등이 지나간 실적을 알려주는 후행 지표라면, 정시 퇴근은 조직의 미래 모습을 알려주는 선행 지표다.

지인에게 들은 얘기다. 어떤 IT업체에 새로운 CEO가 왔는데 회사 상황이 매우 어려웠다. 성장은 정체해 있었고, 직원들은 상시적으로 야근을 했으며 이직률도 매우 높았다. CEO는 직원들의 업무 습관을 개선하기 위해 야근 금지라는 특단의 조치를 내렸다. 원칙

적으로 모든 부서는 야근을 할 수 없으며, 꼭 야근을 해야 할 경우에는 총무부에 사유를 밝히고 야근 쿠폰을 발급받도록 했다. 그리고 어떤 경우에도 한 부서가 한 달에 6장 이상의 야근 쿠폰을 발급받을 수 없도록 했다. 이 조치에 따라 직원들은 스스로 업무 비효율을 제거하기 위해 노력했고, 전사적(全社的)으로 업무 시스템 개선 노력을 기울였다. 야근 금지 후 6개월이 채 지나지 않아서 대부분의 직원들이 정시에 퇴근할 수 있었고 이직률도 낮아졌다.

별의별 방법을 다 써봤는데도 성과가 잘 나지 않는다면 정시 퇴근에 관심을 집중해보라. 직원들이 정시에 퇴근하지 못하는 이유가 기업이 처한 상황 때문이라면, 리더는 발 벗고 나서서 그 상황을 극복할 수 있는 해결책을 제시해야 한다. 직원들의 역량이 부족해서 그런 거라면 직원들의 업무 능력을 키워줘야 한다. 반면에 리더 자신의 능력이 부족해서 그런 거라면 리더 스스로 부족한 부분을 찾아서 보완해야 한다. 정시 퇴근은 로망에 불과하다고 말하는 사람들이 있다. 그건 비겁한 변명이다.

가슴에 손을 얹고 생각해보자. 출퇴근 시간은 고용계약서와 근로기준법에 명시되어 있다. 정시에 출근했으면, 정시에 퇴근해야 하는 것 아닌가? 정시 출근은 강조하면서 정시 퇴근은 외면하는 건 이율배반 아닌가? 엄밀하게 말하면 야근을 강요하는 건 범법 행위와 다르지 않다.

법은 도덕의 최소한이다. 도덕적으로 지켜야 할 것들이 잘 지켜지지 않을 때 법이 만들어진다. 앞으로 '야근 금지법', '칼퇴근 준수법'들이 만들어지지 않을지 염려된다. 리더들은 칼퇴근을 단순한 로망으로 생각해선 안 된다. 칼퇴근은 반드시 지켜져야 하는 도덕의 최소한이다.

시간 관리가 아니라
열정 관리다

신입 사원 시절, 회사에서 제일 깐깐한 과장과 일했다. 한 번에 결재를 받은 기억이 별로 없다. 번번이 퇴짜를 맞았다. 옆자리 홍 대리는 더 혹독하게 당했다. 어느 날 우연히 과장이 퇴근하기 전에 데스크 다이어리에 메모하는 걸 봤다. 퇴근하기 전에 과장의 메모를 확인했다. 다음 날 챙겨야 할 결재 리스트였다. 메모를 보니 내 업무도 있었다. 퇴근하기 전에 작업을 마무리해서 과장 책상 위에 올려놓고 퇴근했다. 다음 날 과장은 흔쾌하게 결재를 해줬다. 처음 있는 일이어서 당황했다. 곰곰이 생각했다.

'과장은 왜 이렇게 쉽게 결재를 해줬을까?'

그날 이후 반려당하는 일 없이 거의 한 번에 과장의 결재를 받았다. 과장은 자기가 찾기 전에 미리 보고하는 건 약간 부족해도 바로 결재한다. 가져오라고 할 때 가져오는 건 한 번 정도 퇴짜를 놓는다. 반면에 찾을 때까지 안 돼 있는 일은 혹독할 정도로 챙긴다. 여러 번 퇴짜를 맞고도 결재받기 어렵다. 홍 대리는 과장이 챙기기 전에 먼저 보고하는 법이 없었다. "깜박했습니다. 조금 덜 됐습니다. 조금만 시간을 더 주세요"라는 말을 입에 달고 살았다.

과장에게 결재를 잘 받는 비결은 타이밍이었다. 조금 부족한 점이 있어도 미리 가져가면 자기가 보완해서 마무리해준다. 이럴 때는 정말 인심이 후하다. '정말, 저 사람이 그 사람 맞아?'라는 생각이 들 정도다. 그런데 자기가 찾을 때까지 아무런 진척이 없으면 혹독한 사람으로 돌변한다. 나는 이 비밀을 빨리 알아차린 덕분에 비교적 수월하게 직장 생활을 할 수 있었다.

D그룹 CFO에게 들은 얘기다.

"직원들이 일하는 걸 보면 정말 답답합니다. 무슨 일이 터지면 곧바로 가져오지 않고 곪아 터질 때까지 뭉개고 있다가 폭발 일보 직전에 가져옵니다. 그때는 정말 해결 방법이 없습니다. 미리 가져오면 쉽게 해결할 수 있을 텐데 정말 답답합니다."

직원들이 왜 곧바로 보고하지 않는지 물었다.

"자신이 어떻게든 해결해보려고 하는 거지요. 그러다가 타이밍을 놓치는 겁니다. 스스로 해결하려고 노력하는 것도 중요합니다. 한편으론 책임감 있어 보이기도 합니다. 그러나 더 중요한 건 타이밍입니다. 타이밍을 놓치면 회복하기 어렵습니다."

타이밍을 놓치지 않는 방법을 물었더니 '미리 챙기는 것'이라는 대답이 돌아왔다.

나는 강의 시간에 대체로 한 시간 정도 일찍 도착한다. 혹시 강의 기자재가 미비하거나 문제가 있어도 해결할 수 있는 시간의 여유가 있다. 수강생들과 이야기를 나누면서 친밀감도 생기고, 새로운 정보를 얻기도 한다. 강의에 많은 도움이 된다. 담당자로부터 '일찍 오는 사람, 약속 잘 지키는 사람'이라는 신뢰를 덤으로 얻는다.

예전에 천안으로 강의하러 갔는데 갑자기 폭우가 쏟아졌다. 교통이 거의 마비됐다. 한 시간 일찍 출발했기 때문에 교통 혼잡에도 불구하고 5분 전에 도착할 수 있었다.

한근태의 《일생에 한 번은 고수를 만나라》에서 읽은 부산의 '리노공업' 이야기다. 이 회사엔 곳곳에 'MIRI MIRI'라는 말이 붙어 있다고 한다. '미리 미리'는 이 회사의 철칙이다. 사장은 모든 일을 미리 하라고 요구한다. 연구개발도 미리 하고, 고객 접대도 미리 하고, 대리점 사장과의 관계 개선도 미리 하라고 한다. 한근태 교수는 이 회사에서 강의도 하기 전에 강사료를 미리 받았다고 했다.

패션 회사에 근무했을 때다. 윤 실장은 매우 유능했다. 여느 디자인 실장과 달리 항상 여유가 있었고 실적도 좋았다. 비결을 물었다.

"패션은 타이밍의 예술입니다. 남들보다 하루라도 늦게 상품이 나오면 그 시즌은 고전합니다. 무슨 일이 있어도 남들보다 늦으면 안 됩니다. 미리 챙겨야 됩니다."

어떻게 하면 미리 챙길 수 있는지 물었다.

"먼저 자신의 일에 정통해야 합니다. 1년 전체를 놓고 보면 중요한 일과 타이밍을 예측할 수 있습니다. 1년을 전체로 놓고, 언제 뭘 해야 하는지, 리스트를 만들어야 합니다. 지금은 중요하지 않아도 미리 챙기지 않으면 나중엔 큰 문제가 생깁니다. 임박해서 챙기면 원가도 올라가고 제품의 질도 떨어집니다. 전체를 예측하고 미리 챙기는 게 관건입니다."

자신의 일에 정통하고 1년 전체의 스케줄을 챙기는 게 비결이라고 했다. 윤 실장의 말처럼 시간 관리의 기본은 1년 전체를 관리하는 거다. 1년 전체를 조망하고, 6개월 단위, 3개월 단위, 월 단위, 주 단위로 뭘 해야 하는지, 뭐가 중요한지 통찰하고 있어야 한다. 이렇게 되기 위해선 먼저 자신의 일에 정통해야 한다. 그리고 잘하고 싶은 열정이 있어야 한다. 업무 관리는 단순한 시간 관리의 차원을 넘어선다.

S화학에서 20년 이상 근무한 임원에게 들었다.

"사람은 무조건 실수합니다. 밸브는 무조건 샙니다. 센서는 사고가 난 후에 감지됩니다. 화학 회사는 이 모든 걸 미리 찾아내는 게 중요합니다. 미리 찾아내는 게 회사의 운명을 결정합니다. 화학 회사에서 문제를 미리 찾아내는 건 생명과 직결됩니다."

어떻게 문제를 미리 찾아낼 수 있는지 물었다. 대답은 이랬다.

"먼저 자기 일의 1년 전체 리스트를 만들어야 합니다. 하나라도 누락해선 안 됩니다. 자신의 일에 정통해야 합니다. 1년 전체 스케줄 속에서 한 달, 한 주, 하루의 스케줄을 챙겨야 합니다. 조그만 일도 절대 소홀히 넘어가선 안 됩니다. 일에 대한 철저함과 열정이 있어야 합니다."

좋은 성과를 내지도 못하면서 일에 치여 허덕거리는 사람들을 보면 이들은 대체로 바쁘다. 늘 시간에 쫓긴다. 내일, 다음 주에, 다음 달에 뻔히 닥쳐올 일들이 예견되는데도 방치한다. 미리 챙길 여유가 없기 때문이다. 불 보듯 뻔한데도 속수무책이다. 이들은 매일 같은 방법으로 일한다. 타성에 젖어 있다. 크레이지(crazy)다. '크레이지'라는 말의 본래 의미는 '똑같은 방식으로 일하면서 다른 결과를 기대하는 것'이라고 한다. 매일 같은 방식으로 시간 관리를 하면서 여유 있게 더 좋은 성과를 내리라고 기대하는 게 바로 크레이지다.

직장 생활의 비결은 미리 챙기는 거다. 하지만 그건 단순한 시간 관리의 문제가 아니다. 얼마나 더 잘하고 싶은가 하는 열정의 문제다. 어떻게 하면 더 쉽게 더 효과적으로 더 좋은 성과를 낼 수 있을지 자나 깨나 생각하는 '간절한 마음'이 바로 열정이다.

'통찰은 어디에서 오는가?'

통찰이 뛰어난 사람들을 유심히 관찰했다. 그들은 대체로 세 가지 특성이 있었다.

첫째, 자기 일에 대한 간절함이 있었다.

그러나 간절함이 있다고 해서 저절로 통찰이 생기는 건 아니다. 그들은 자기 일에 대한 지식과 경험이 풍부했다. 자기 분야에 대해 정통했다. 두 번째 특성이다.

셋째, 몰입이다. 그들은 자나 깨나 생각했다. 잘하고 싶은 간절함으로 끊임없이 몰두했다. 그러다가 어느 날 툭 터졌다. 그게 바로 통찰이다. 이들을 통해 배운 게 있다.

'직장 생활의 비결은 단순한 시간 관리가 아니다. 간절하게 잘하고 싶은 열정의 관리다.'

돈값을
하고 있는가?

"나는 자타가 인정하는 최고 바쁜 사람입니다."

코칭하면서 자주 듣는 말이다. 이런 말을 들을 때마다 가슴이 철렁 내려앉는다. 이 말에 숨겨진 심각한 의미를 잘 알기 때문이다. 이들은 여기저기 불려 다니면서 긴급한 문제들을 멋지게 처리한다. 심각한 문제일수록 이들의 존재 가치는 더욱 빛난다. 이들은 유능하다는 말을 듣는다. 그러나 거기까지가 전부다. 이들은 고장 난 자동차를 수리하는 정비사 역할밖에 하지 못한다. 불을 끄는 소방수 역할밖에 하지 못한다.

이들에게 미래 전략을 수립하고, 직원들의 역량을 계발하는 등 씨앗을 뿌리는 행위를 기대하는 건 사치에 가깝다. 이들에게 미래

먹거리 창출을 기대하는 건 언감생심이다. 이들은 땜빵 역할밖에 하지 못한다. 시간이 지나면서 이들의 효용 가치는 급격히 떨어진다. 누구나 할 수 있는 일만 하기 때문이다.

"회사가 나를 버렸습니다. 그렇게 열심히 일했는데 나를 버리다니 배신감을 느낍니다."

그들이 주로 하는 말이다. 이런 말을 들을 때마다 떠오르는 생각이 있다.

'누구나 할 수 있는 일을 하고 있으니, 비용이 적게 드는 사람을 쓰는 게 조직 입장에선 당연한 거 아닌가요?'

코칭을 하면서 자주 묻는다.

"지금 돈값을 하고 있습니까?"

조직 구성원들은 누구나 자기에게 기대되는 돈값을 해야 한다.

'돈값이란 무엇인가?'

자신에게 기대되는 역할을 잘 수행하고, 그에 따른 책임을 지는 것이다.

'자신에게 기대되는 핵심 업무가 무엇인가?'

'자신이 아니면 할 수 없는, 자신이 꼭 해야 하는 일이 무엇인가?'

이걸 모르고 있다면 돈값을 하지 못하고 있을 가능성이 높다. 중요한 일, 꼭 해야 하는 일을 어떻게 알 수 있는가? 스스로에게 물으면 된다.

리더, 자기 생각에 속지 마라

'다른 사람들이 하기 싫어하는 일이 무엇인가? 다른 사람들이 하기 어려운 일은 무엇인가? 누군가는 해야 하지만, 딱 부러지게 어느 부서의 일이라고 규정되어 있지 않은 일은 무엇인가?'

이게 바로 자신이 해야 할 중요한 일이다.

D그룹 박 전무의 별명은 '박 계장'이다. 시시콜콜 작은 일에 집착하고 미주알고주알 간섭한다고 해서 붙은 별명이다. 직장마다 박 계장들이 꼭 있다. 그들에게 기대되는 역할을 제대로 하지 못할 때 이런 별명이 붙여진다. 코칭을 할 때 상사들이 주로 주문하는 게 있다. '권한을 위임하라. 임파워먼트하라'는 거다.

D그룹 최 전무의 말이다.

"권한 위임을 하라는 건 자기 일을 다른 사람에게 떠넘기라는 게 아닙니다. 자신이 해야 할 일을 부하에게 넘겨준다면 그건 권한 위임이 아니라 업무 떠넘기기입니다.

반대로 부하 직원이 해야 할 일을 자신이 하고 있다면 그건 업무 빼앗기입니다. 업무 빼앗기를 해서도 안 되지만 업무 떠넘기기를 해서도 안 됩니다.

자신이 해야 할 일을 정확히 찾아서 각자의 역할을 잘 수행하는 게 권한 위임의 핵심입니다."

최 전무가 말했다.

"급한 일이 모두 중요한 일은 아닙니다. 어떤 일이 생기면 일단 멈추고 생각해야 합니다. 이 일은 누가 하는 게 좋을까? 내가 직접 처리하는 게 좋은가? 아니면 다른 사람이 하는 게 더 좋은가? 그런 후에 적임자를 정하고, 적임자가 그 일을 하도록 맡기는 게 가장 효과적인 방법입니다. 일에 무작정 덤벼드는 게 아니라 잠깐의 시간을 내어 적임자를 찾는 게 첫 번째 해야 할 일입니다. 이게 바로 제대로 된 권한 위임입니다."

최 전무 말처럼 권한 위임을 하라는 건 자신이 해야 할 일을 다른 사람에게 떠넘기라는 게 아니다. 자신이 직접 하지 않아도 되는 일을 그만두고 더 중요한 일을 하라는 뜻이다. 제대로 된 일을 하라는 거다.

조직엔 지위에 따라 요구되는 역할과 책임이 있다. 리더라면 조직이 나아가야 할 방향을 정해야 하고, 전략을 세워야 할 것이다. 그리고 직원들이 잘 실행할 수 있는 여건을 만들어줘야 할 것이다. 이렇게 비전과 전략을 수립하고 실행을 이끌어내는 게 리더의 역할이다. 그런데 이런 역할은 하지 않고, 매일 주어진 업무만 다람쥐 쳇바퀴 돌아가듯 하고 있다면 문제가 심각해진다. 열심히 하면 할수록 위험하다. 마치 눈을 감고 어두운 밤길을 달리는 것과 같다. 이런 일을 그만두고 자신의 역할에 걸맞은 제대로 된 일을 하라는 게 권한 위임의 본래 취지다.

하지 않아도 되는 일을 제거하고, 자신이 직접 하지 않아도 되는 일은 그 일에 가장 적합한 사람에게 넘겨주고, 자신이 꼭 해야 하는, 자신에게 기대되는 업무를 찾아내는 게 권한 위임의 진정한 의미다. 권한 위임을 하라는 건 돈값을 제대로 하라는 뜻이다.

나는 강의를 하면서, 코칭을 하면서 스스로에게 묻는다.

'나는 돈값을 제대로 하고 있는가?'

사소한 일이란
없다

중장비 생산 회사를 방문했을 때다. 공장장과 함께 공장 견학을 하던 중 바닥에 볼트가 떨어진 걸 발견했다. 공장장의 얼굴이 새파래졌다. 속으로 생각했다.

'아니, 조그만 볼트 하나 떨어진 걸 가지고 왜 저렇게 호들갑이지?'

공장장이 말했다.

"이건 그냥 볼트 하나가 아닙니다. 이게 어떤 장비에서 빠졌는지 알지 못하면 큰일입니다. 만약 볼트가 빠진 상태로 장비가 출고된다면, 대형 사고가 생길 수도 있습니다."

직장 생활을 하면서 사소한 일, 허드렛일, 잡일 등으로 가볍게 보

리더, 자기 생각에 속지 마라

이는 것들이 셀 수 없이 많다. 그러나 이 사례처럼 바닥에 떨어진 볼트가 사소한 것으로 보일 수도 있지만 엄청난 재앙을 초래할 수도 있다.

H그룹 김 상무 이야기다. 김 상무는 20년 넘게 직장 생활을 하는 동안 최고 평가를 받으면서 승승장구했다. 그 비결을 물었다.

"사소한 일을 가볍게 여기지 않는 겁니다. 남들이 하기 싫어하는 허드렛일을 자발적으로 하는 겁니다. 책임 소재가 분명하지 않은 일을 자처해서 하는 게 저의 비결입니다."

김 상무는 팀장이 되기 전엔 그렇게 두드러지지 않았는데, 팀장이 되고 나서부터 출중한 능력을 발휘하기 시작했다. 팀 간의 업무 경계가 불분명하고 사소해 보이는 일은 자진해서 했다. 그러면 팀원들은 불평했다.

"팀장님은 왜 꼭 우리 팀이 안 해도 될 일을 맡아서 자꾸 가져옵니까?"

그럴 때마다 김 상무는 팀원들에게 말했다.

"이게 다 너희들 잘되라고 하는 거야!"

그러면 팀원들은 무슨 뚱딴지같은 궤변이냐고 비아냥거렸다. 김 상무가 말했다.

"지금은 이 일이 사소한 것처럼 보이겠지만, 그게 아니다. 조금 더 길게 보자. 이 일을 우리 팀이 안 해도 되는 건 사실이다. 그러나 상사의 입장에서 보면 누군가는 해야 하는 일이다. 그런데 팀장들이 서로 자기 일이 아니라고 발뺌하면 상사는 어떤 생각을 하겠나? 그런데 우리 팀이 자발적으로 나서서 허드렛일을 처리하고 있다. 장기적으로 보았을 때 우리 팀에 어떤 일이 생기겠나? 반드시 좋은 일이 생길 거다."

그 결과, 이 팀은 좋은 평가를 받으면서 팀원들은 빨리 승진했다. 업무 경계가 불분명하고 사소해 보이는 일을 지속적으로 한 덕분에 김 상무도 고속 승진했다.

김 상무는 힘주어 말했다.

"회사에서 사소한 일, 허드렛일이란 없습니다. 단지 자신이 그렇게 생각할 뿐입니다."

임원 코칭을 위해 A기업을 방문했을 때다. 사무실이 웅성거렸다. 무슨 일이 있는지 물었다. 조금 전에 승진 발표가 있어서 그렇다고 했다. 임원이 말했다.

"저 친구들, 자기를 승진시키는 인사권자가 누군지 몰라서 저러는 겁니다."

나는 의아했다.

'아무리 그래도 직원들이 자기의 인사권자가 누군지 모를 리 있나?'

임원이 말했다.

"형식적으로는 상사가 인사권자인 것 같지만 실제로는 자신의 인사권자는 자기 자신입니다."

언뜻 이해되지 않아서 자세히 말해달라고 했다.

"너무 당연한 거 아닙니까? 평소 행동이 모여서 평가로 이어지는 건데, 자기 일이 아니라고 뒷짐만 지고 있거나, 허드렛일은 하지 않으려고 뺀질거리는 사람은 결코 좋은 평가를 받을 수 없지요. 자업자득입니다."

그렇다면 정말로 사소한 일인지, 아니면 실제로는 중요한 일인데도 자신이 잘 모르고 있는 건지 어떻게 알아차릴 수 있겠는가?

간단한 방법이 있다.

'사소해 보일수록 더 크게 챙기는 거다.'

우리는 큰 약속은 잘 지키려고 노력하지만 사소한 약속은 가볍게 여기는 경향이 있다. 스티븐 코비 박사는 이에 대해 경종을 울린다. 존경받는 리더가 되기 위해서는 작은 약속을 더 잘 지켜야 한다고 말한다.

"저는 아무리 사소한 약속이라도, 약속했으면 반드시 지킵니다. 지킬 수 없는 약속은 하지 않습니다. 우리 아이들은 내가 약속한 것은 반드시 지킨다는 걸 알기 때문에 저에게 약속을 받아내려고 안간힘을 씁니다."

큰 약속은 마음대로 할 수 없는 경우가 많지만 작은 약속은 마음먹기에 달렸다. 실제로 그 사람이 신용이 있는지 없는지는 큰 약속을 지키는지보다 오히려 작은 약속을 얼마나 잘 지키는지에 의해

결정된다.

부끄러운 고백이지만 나는 한때 '늑대 소년'이었다. CEO 시절, 직원들은 술자리에서 크고 작은 부탁을 많이 했다. 나는 쉽게 약속했다. 그러곤 까먹었다. 술자리라는 핑계였다. 나중에 알게 된 일이지만 '술자리에서 사장님이 하는 말은 절대로 믿지 마라'고 직원들끼리 수군거렸다고 한다. CEO가 한 약속이 직원들에게 어찌 사소한 약속이었겠는가?

어떤 일이 사소하다고 생각되면 심각하게 자신의 생각을 돌아봐야 한다. 실제론 중요한 일인데 자기만 그렇게 생각하고 있을 수 있다. 조직 전체를 보지 않고 자기 입장만 챙기고 있을 수도 있다.

어떤 일이 허드렛일이라고 생각된다면 그 일은 누가 해야 하는가? 내가 하기엔 허드렛일이고, 상대방에겐 중요한 일인가?

그렇다면 마음속으로 다른 사람들을 무시하고 있는지도 모른다. 한 걸음 더 나아가 자신의 일을 허드렛일이라고 생각하는 사람은 행복하기 어렵다. 자신을 하찮은 사람으로 생각할 것이기 때문이다. 자신이 하는 일에 가치를 부여하고 그 일을 크게 생각하는 사람이 더 행복하고 성공할 가능성도 더 높다.

친한 치과 의사 두 명이 있다. 한 명은 스케일링이 사소한 일이라고 생각해서 간호사에게 맡겼고, 한 명은 스케일링을 잘하면 웬만한 치과 질환은 사전에 예방할 수 있는 중요한 일이라고 생각하여 자신이 직접 치료했다. 개업한 지 20년이 지난 지금 돌이켜보면, 스케일링을 직접 하는 친구가 훨씬 더 병원도 번성했고 치과 의사로서 더 큰 보람을 느끼고 있다.

'이 세상에 사소한 일이란 없다. 다만 자신이 그렇게 생각할 뿐이다.'

오늘을
행복하게 사는 법

얼마 전에 장모님이 돌아가셨다. 몇 년 동안 병원에 입원해 계셨던 장모님은 인격적으로 매우 훌륭한 분이셨다. 그런데 몸을 움직이지 못하고 대소변을 마음대로 가누지 못하게 되자 난감해하셨다. 자신의 존엄이 무너졌다고 생각하셨다. 장모님을 곁에서 지켜보며 건강이 존엄이라는 걸 뼈저리게 느꼈다.

'운동이 중요하다는 건 알고 있는데, 시간이 없어서 잘 못하고 있습니다.'

직장인들이 주로 하는 말이다. 여유가 생기면 운동을 하겠다고 한다. 답답한 노릇이다. 여유는 저절로 생기지 않기 때문이다.

D그룹 임 상무는 리더십 평가가 좋았다. 열정적이며 추진력도

있고, 부하 직원들을 잘 이해하고 기다려주기까지 했다. 임 상무의 리더십은 먼저 다가가 손을 내미는 것이었다. 일이 있으면 직원들을 자기 방으로 부르지 않고 직접 찾아가 대화했다. 매일 두 시간 정도 할애해 공장을 다니면서 현장의 애로 사항을 들었다.

그런데 다음 해에 만났을 땐 전혀 다른 사람이 되어 있었다. 리더십 평가가 최악이었다. 문제는 건강이었다. 아침 일찍 출근해서 저녁 늦게 퇴근하고, 술이라도 한잔한 다음 날은 몸이 천근만근이었다. 현장을 방문하는 건 언감생심이었고, 문제가 있을 때마다 직원들을 자기 방으로 호출했다. 작년까지는 매일 아침 한 시간 동안 수영을 하고 주말엔 마라톤을 했는데 올해는 1년 동안 전혀 운동을 하지 않았다고 했다. 코칭을 하면서 임 상무는 다시 운동을 시작했다. 숨이 턱에 차오를 정도로 달렸다. 운동은 임 상무의 모든 걸 변화시켰다. 운동을 하면서 삶의 질이 좋아졌고 예전의 리더십을 회복했다. 임 상무는 '삶의 밀도'가 달라졌다고 말했다.

다음 주에 하겠다, 다음 달에 하겠다, 내년에 하겠다고 미루는 건 무지의 소산이다. 오늘 건강하지 못하면, 오늘 일은 망가진다. 내일 건강하지 못하면, 내일 일도 망가진다. 이게 바로 자연법칙이다.

직장 생활을 언제까지 뭔가 해내야 하는 '결과 게임'으로 이해하는 사람들이 있다. 이들은 매일의 생활이 괴롭다. 내일을 위해 오늘을 포기하고, 미래의 성취를 위해 현재의 행복을 포기한다. 이들에겐 아직 오지 않은 내일만 있을 뿐, 오늘은 영원히 없다. 직장 생활은 지금 이 자리에서 행복을 느낄 수 있어야 한다. 오늘도 행복하고 내일도 행복할 수 있어야 한다. 직장 생활은 '결과를 추구하는 게임'이 아니라 '과정의 게임'이다. 매일매일의 과정에서 행복을 느낄 수 없으면 직장 생활은 '시지포스의 형벌'이 되고 만다.

지금 오늘 행복하기 위해선 운동을 해야 한다. 몸이 아프면 하루 일과가 괴로울 뿐만 아니라 좋은 성과를 내기도 어렵다. 오후가 되었을 때 목이 뻐근하고 머리가 지끈거린다면 심각한 상태다. 이런 상태에서 좋은 성과를 기대하는 건 요행을 바라는 것에 불과하다.

지금 행복하기 위해 중요한 게 또 있다. 바로 '공부'다.

얼마 전, 대학 동기 집에 놀러 갔다. 이 친구는 학창 시절 공부를 매우 잘했다. 그런데 직장 생활을 하면서 책을 한 권도 읽지 않았다고 했다. 대학 졸업할 때까지 공부에 시달려 책만 보면 짜증이 났다고 했다. 이 친구는 직장에서 꼰대로 통했다. 다른 사람들의 말을 듣지 않고 자기주장만 옳다고 고집했다. 몇십 년 동안 책을 전혀 읽지 않은 게 큰 이유라고 생각된다.

책을 읽는다는 건 몇 시간 동안 저자의 이야기를 듣는 것이다. 책을 읽는 동안 자기 생각을 내려놓고 상대방 말을 듣는 훈련을 하는 것과 같다. 다양한 분야의 책을 읽는다는 건 다양한 사람들의 생각을 듣는 것이다. 이런 과정을 통해 독단에 빠지지 않고 열린 생각을 가질 수 있게 된다. 한 걸음 더 나아가, 책을 읽는다는 건 한 사람의 인생을 통째로 알게 되는 대단한 경험이다. 책에는 저자의 지식과 경험, 지혜 등이 고스란히 녹아 있다. 몇 시간을 투자해서 저자의 지식과 지혜를 손쉽게 얻을 수 있다. 투자 대비 성과, 가성비가 최고다.

30대 중반의 후배가 있다. 어디서 그렇게 놀라운 통찰이 나오는지, 어찌 그리 해박할 수 있는지, 만날 때마다 깜짝깜짝 놀라게 한다. 이 후배는 강의도 엄청나게 잘한다. 비결이 뭔지 물었다. 후배가 대답했다.

"책을 많이 읽은 게 비결이라면 비결입니다."

후배의 서재에 어떤 책들이 있는지 궁금하다고 물었다. 다음 날 카톡이 왔다.

"제 책장이 궁금하다고 하셨지요? 다 읽은 건 아니라는 걸 전제로…… 대강 헤아려보니 2천 권 정도 되는 것 같네요. 그중 오랜만에 눈에 띈 책이 있어 다시 넘겨봤어요. 철학과 경험이 담겨 있는 책들을 보면 감탄이 절로 나옵니다~~~."

30대 중반의 후배, 그 해박한 지식이 어디서 비롯되었는지 알 수 있었다.

'다독(多讀)이 그렇게 중요한가, 깊이가 더 중요한 거 아닌가?'라고 묻는 사람이 있다. 경우에 따라서, 책에 따라서 다를 것이다. 나의 경우에는 대충 훑어보고 끝내는 책도 있고 정독을 하는 책도 있다. 가끔씩 만나는 보물 같은 책은 밑줄을 치면서 읽고, 밑줄 친 부분을 타이핑하기도 하고, 열 번 이상 읽기도 한다. 저자에게 감사하는 마음으로 읽고 또 읽는다. 그 책을 통해 즐거움을 만끽하면서 더욱 성장할 수 있기 때문이다.

책을 읽는다는 건 꼰대가 되지 않는 비결이다. 책을 많이 읽는 사람은 다른 사람의 말을 열린 마음으로 귀 기울여 듣는다. 즐겁게 일하면서 좋은 성과를 내고 싶다면 책을 많이 읽는 게 좋다. 강연을 듣는 것도 좋은 방법이다. 자기 생각을 내려놓고 다른 사람의 말을 듣는 훈련을 하면서 동시에 지식과 지혜가 성장하는 최고의 방법이다.

운동을 하고 공부를 하라고 권하면, 내일부터 하겠다고 한다. 그러나 이런 식으로 내일부터 하겠다고 미루는 사람들에겐 영원히 내일만 있다. 오늘은 영원히 오지 않는다.

지금 당장, 지금 여기서, 구체적으로 행동하지 않으면, 현재는 영원히 존재하지 않는다. 영원한 내일만 있다.

'지금 당장! 지금 여기서! 아주 작은 행동을 실행하는 것!'

이게 바로 영원한 현재를 살아가는 방법이다.

인생 이모작을
준비하라고?

    '백세인생'이라고 한다. 노후를 대비하지 않으면 비참한 말년을 맞이하게 된다고 겁준다. 인생 이모작을 미리 준비해야 한다고 강조한다. 아무리 열심히 노력해도 정년을 보장받기 어려운 현실에서 인생 이모작을 준비하고 백세인생에 대비해야 한다고 하니 답답한 노릇이 아닐 수 없다.

    '평생직장은 없다. 평생직업을 준비하라'고 말하는 사람들이 있다. 이 말에 동의하지 않는다. 평생직장도 있을 수 있고, 평생직업도 없을 수 있다. 직업은 시대 상황에 따라 얼마든지 없어지고 새로 생기곤 한다. 따라서 인생 이모작을 준비해야 하고, 백세인생에 미리 대비해야 한다는 협박에 두려워할 필요가 없다.

퇴직 후의 일을 미리 준비한다면서 정작 현재의 일은 게을리하는 사람들이 있다. 이런 사람들은 미래를 제대로 준비하기도 전에 현재 직장에서 퇴출될 가능성이 더 높다. 지금 해야 할 일을 등한시할 가능성이 매우 높기 때문이다.

출근해서는 퇴근 후의 일을 생각하고 정작 퇴근해서는 내일을 고민하는 사람들이 있다. 답답한 노릇이 아닐 수 없다. 이런 사람을 일컬어 '정신 나간 사람'이라고 한다. 정신 나간 사람이란 몸이 있는 곳에 마음이 없는 사람을 말한다.

"몸이 있는 곳에 정신이 함께 있어야 한다. 몸과 마음이 분리되어 있는 사람들이 성공한 걸 본 적이 없다. 영어 시간에 수학 공부하고, 수학 시간에 영어 공부하는 학생이 좋은 성적을 내는 경우는 없다."

고등학교 교사로 30년 이상 근무한 사촌 형의 주장이다.

사촌 형은 몸과 마음이 분리되지 않고 몸이 있는 곳에 정신이 함께 있는 게 현재를 살아가는 최고의 방법이라고 말한다.

익히 잘 알고 있는 톨스토이의 세 가지 질문을 살펴보자.

첫째, 인생에서 가장 소중한 순간은 언제인가?

둘째, 인생에서 가장 소중한 사람은 누구인가?

셋째, 인생에서 가장 소중한 일은 무엇인가?

톨스토이가 답을 제시했다.

"인생에서 가장 소중한 순간은 지금이며, 가장 소중한 사람은 지금 내 옆에 있는 사람이고, 가장 소중한 일은 지금 내 옆에 있는 사람을 기쁘게 해주는 것이다."

지금 하고 있는 일을 충실히 하고, 지금 만나는 사람들과 좋은 관계를 맺는 게 인생에서 가장 소중한 일이라는 거다.

굳이 톨스토이의 말을 빌리지 않더라도, 미래를 준비한다는 핑계로 지금 하고 있는 일을 등한시하고, 지금 만나는 사람들과의 관계를 소홀히 하는 건 현명한 삶의 태도가 아니다.

프랑스 플럼빌리지에서 명상 센터를 운영하고 있는 틱낫한 스님은 '지금 여기'를 살아가는 가장 효과적인 방법으로 '알아차림'을 제시한다. 설거지를 할 때는 설거지를 하고 있다는 걸 알아차리면서 하고, 우유를 마실 때는 우유를 마신다는 걸 알아차리면서 마시고, 숨을 들이쉴 때는 숨을 들이쉬는 걸 알아차리면서 들이쉬고, 걸을 때는 걷는다는 걸 알아차리면서 걷는다.

'자신이 하는 모든 행동을 알아차리면서 행동하는 것.'

이게 틱낫한 스님이 말하는 '지금 여기를 살아가는 최고의 방법'이다. 스님은 '지금 여기'야말로 경이로움 그 자체라고 말한다. 지금 여기에서 모든 것이 이루어지고, 지금 여기에서 모든 기적이 일어난다고 한다. 현재 하고 있는 일에 집중하고 몰입하는 게 기적을 이루는 방법이라고 한다.

미래는 '지금 여기'에서 행한 결과가 축적된 것이다.

석가모니가 말했다.

"너의 과거 생을 알고 싶으냐? 지금 너의 모습을 보면 된다.

너의 미래 생을 알고 싶으냐? 지금 네가 무엇을 하고 있는지 보면 된다."

지금의 내 모습은 과거에 내가 한 행동의 결과이고, 미래의 내 모습은 지금 내가 하고 있는 행동의 결과라는 말이다.

하버드대 탈 벤 샤하르 교수는 자신의 저서 《해피어(HAPPIER)》에서 현재를 살아가는 네 가지 유형(허무주의자, 쾌락주의자, 성취주의자, 행복주의자)의 사람들을 소개했다. 허무주의와 쾌락주의가 올바른 삶의 태도가 아니라는 건 자명하다. 그런데 특이한 점은 성취주의자를 일컬어 '현재의 행복을 저당 잡힌 사람'들이라고 규정한 것이다. 성취주의자들은 오직 미래만 바라보면서 현재의 모든 행복을 포기하고 뒤로 미루기 때문에 결코 행복할 수 없다는 게 그의 주장이다.

그는 말한다.

"지속적인 행복을 얻으려면 원하는 목적지를 향해 가는 여행을 즐길 수 있어야 한다. 행복은 산의 정상에 도달하는 것도 아니고 산 주위를 목적 없이 배회하는 것도 아니다. 행복이란 산의 정상을 향해 올라가는 과정이다."

그는 현재와 미래가 모두 행복한 '행복주의자'가 돼야 한다고 주장한다. 그렇다면 과연 미래란 무엇인가? 흔히들 과거는 이미 지나갔기 때문에 없고, 미래는 아직 오지 않았기 때문에 없으며, 현재라고 말하는 순간 현재는 이미 과거가 되기 때문에 현재도 없다고 한다. 과거, 현재, 미래는 없다는 것이다. 이 무슨 궤변인가? 다행스럽게도 이 말을 미국 철학자 켄 윌버가 알기 쉽게 설명했다.

"과거는 현재의 기억 속에 존재하고, 미래는 현재의 기대 속에 존재한다. 그러므로 과거와 미래는 이미 지나갔거나 아직 오지 않은 게 아니라, 지금 이 순간(현재)에 모두 통합되어 살아 있다."

켄 윌버는 과거, 현재, 미래의 모든 시간이 현재라고 주장한다. 그래서 '지금 현재'를 일컬어 '영원한 현재'라고 했다.

그는 말한다.

"우리가 사용할 수 있는 시간은 오직 현재밖에 없다. 그러므로 현재를 충실하게 살아가는 게 영원히 사는 것이다."

사실, 우리에게 현재를 살아가는 것 외에는 다른 방법이 없다. 그렇다면 어떻게 과거와 미래를 모두 통합하는 '지금 현재'를 살아갈 수 있겠는가? 톨스토이의 질문에서 답을 찾아보자.

첫째, 지금 현재의 일을 소중히 여기면서 살아가고 있는가?

지금 여기에서 하는 일에 온전하게 몰입하고 있는가?

지금 여기에 몸과 마음이 온전하게 함께 있는가?

몸은 여기 있으면서 마음은 다른 곳에 있지는 않은가?

둘째, 지금 곁에 있는 사람을 소중히 여기고 있는가?

지금 곁에 있는 사람과의 관계가 바로 우리들의 행복을 결정한다. 멀리 있는 사람이 아니라 바로 지금 곁에 있는 가족과 동료들이 나의 행복을 좌우한다. 그들을 소중히 여기고 있는가?

셋째, 지금 곁에 있는 사람들을 기쁘게 해주고 있는가?

톨스토이는 지금 내 옆에 있는 사람들을 행복하고 기쁘게 해주는 게 인생에서 가장 소중한 일이라고 했다.

우리에겐 '현재'밖에 없으므로 현재를 잘 살아가는 것 외에 달리 뾰족한 방법이 없다. 만약 미래가 불안하고 걱정된다면 자신에게 물어보자.

'지금 현재 내가 할 수 있는 최선의 방법은 무엇인가? 지금 내가 즉시 실행할 수 있는 행동은 무엇인가?'

이게 현재를 경영(management)하는 방법이다.

티베트 속담에 '걱정한다고 걱정이 없어진다면, 걱정이 없겠네!' 라는 말이 있다. 아직 오지도 않은 일을 앞당겨 불안해하지 말자.

데일 카네기가 말했다.

"미래에 대해 불안해하는 일의 95%는 실제로는 발생하지 않는다."

미래는 지금 내가 하고 있는 행동의 결과다. 미래를 수동적으로 기다릴 게 아니라 자신이 원하는 미래를 만들자. 퇴직 후를 미리 염려한다거나, 인생 이모작을 미리 준비한다거나 하는 건 현명한 방법이 아니다.

지금 여기, 현재의 일을 더 좋아하고, 현재의 일에서 보람을 느끼고, 현재의 일에 더 몰입하고, 현재의 일을 더 잘하도록 노력하는 게 퇴직 이후를 준비하고, 인생 이모작을 준비하는 가장 현명한 방법이다.

'지금 내가 하고 있는 작은 행동에서 기적이 생긴다.'

생각을 바꾸면
기적이 생긴다

'아, 보람 따위 됐으니 야근 수당이나 주세요.'

얼마 전에 서점엘 갔다가 눈에 띄어 읽었던 책이다. 책을 읽으면서 가슴이 답답했다. 일하는 목적이 오직 돈벌이로만 느껴졌기 때문이다. 후배 중에 치과 의사 두 명이 있다. 한 명이 말했다.

"형님, 제가 전생에 무슨 죄를 졌기에 치과 의사를 하는지 모르겠습니다. 저는 사람들의 썩은 입 냄새를 맡으면서 하루를 보냅니다. 이런 줄 알았으면 치과 의사가 되려고 그렇게 열심히 공부하진 않았을 겁니다. 정말 답답합니다."

다른 후배가 말했다.

"형님, 저는 다음 생에 태어나도 치과 의사를 해야 할 것 같아요.

저는 손가락이 가늘고 길어서 어린애의 입속에도 자유롭게 손이 들어갑니다. 제가 치료하지 못하는 사람은 없습니다. 사람들이 고통을 호소하며 왔다가 치료를 받고 난 후에 환하게 웃으면서 돌아갈 때면 저는 정말 치과 의사가 되길 잘했다는 생각이 듭니다. 정말 행복합니다."

딸이 치과 교정을 해야 할 일이 생겼을 때 나는 조금도 망설임 없이 두 번째 후배 치과에 갔다. 첫 번째 후배 치과는 집에서 10분 거리에 있었고, 두 번째 후배 치과는 차로 한 시간을 가야 하는 거리였다. 딸의 교정은 1년 이상 걸렸지만 지금 돌이켜봐도 잘한 결정이라는 생각이 든다. 어느 후배가 돈을 잘 벌지 짐작이 가지 않는가?

사실, 우린 돈을 벌기 위해 일한다. 하지만 그게 전부가 아니다. 오직 돈만 벌기 위해서 일하는 건 아니다. 일을 하면서 재미도 느끼고 보람도 느낀다. 오직 돈을 벌기 위해서만 일한다면 아마 인생은 고통 그 자체일 것이다.

금융 기관에서 근무하다 패션 회사로 옮겼을 때다. 판매 사원들이 자신들을 '판순이', '판돌이'라고 부르는 걸 보고 깜짝 놀랐다. 그들은 자신의 일에 자부심을 느끼지 못했고, 자신의 일을 비하하는 사람도 있었다. 그런데 유독 활기가 넘치고 판매를 잘하는 직원이 있었다. 그 직원을 한참 동안 관찰했다.

'어떤 비결이 있기에 저 직원은 항상 웃는 얼굴로 일하면서 좋은 실적을 낼까?'

그 직원이 말했다.

"고객에게 어울리지 않는 옷을 떠넘기듯 팔아선 절대 안 됩니다. 고객에게 패션을 제안하는 역할을 해야 합니다. 저는 스스로를 고객의 패션 코디네이터라고 생각합니다. 그래서 패션에 대해 끊임없이 연구하고 공부합니다. 그러다 보니 일이 재미있어지고 수입은 저절로 많아집니다. 이게 저의 비결입니다."

판순이, 판돌이보다 패션 코디네이터가 더 보람 있고 수입이 더 많다는 건 지극히 자연스러운 일이다. 이 판매 사원의 말처럼 '자신의 일에서 의미와 가치를 찾아내는 것', 이게 바로 행복한 직장 생활의 비결이다.

위탁 부모들을 대상으로 강의를 했다. 위탁 부모는 부모의 사망, 이혼, 실직, 가출, 학대 등 여러 가지 사정으로 친부모와 함께 살 수 없는 상황에 놓인 아동들을 일정 기간 동안 보호하고 양육하는 사람들이다. 이들은 열악한 환경에서 부모 역할을 해내면서도 사회적 존중을 받지 못하고 있었고, 스스로도 보람을 느끼지 못하고 있었다. 이들에게 물었다.

"여러분은 사회에 어떤 기여와 공헌을 하고 있습니까? 여러분은 어떤 긍지를 가지고 있습니까?"

강의 주제는 '기여, 공헌, 긍지, 보람, 나눔'이었다. 그들은 서로의 이야기를 몇 시간 동안 주고받으면서 목 놓아 울었다. 강의실은 울음바다가 됐다. 그동안의 서러움이 한꺼번에 터져 나왔다. 그들은 자신의 일에서 의미와 가치를 찾아내곤 몹시 뿌듯해했다. 강렬한 체험이었다.

'그들의 일이 바뀐 것도 아니고 여건이 더 좋아진 것도 아니다. 현실은 아무것도 바뀐 게 없는데, 일에 대한 생각 하나만 바꾼 것으로 저렇게 행복해질 수 있다니……'

흔히들 행복해지려면 자신이 좋아하는 일을 하면 된다고 한다. 그러나 현실적으로 자신이 좋아하는 일을 할 수 있는 사람은 극히 드물다.

서울대 황농문 교수는 《몰입, 두 번째 이야기》에서 말한다.

"설령 좋아하는 일을 하면서 행복을 추구한다 해도, 이를 통해 누릴 수 있는 행복은 매우 제한적이다. 오히려 자기가 좋아하는 일만 하면서 행복을 추구하다 보면 삶이 점점 더 힘들어지는 경우가 많다. 반면, 해야 할 일을 좋아하고 그 일에서 행복을 찾는다면 누릴 수 있는 행복은 무제한이 된다. 이는 자신의 역량을 키워주고 더욱 성공적인 삶으로 이끈다. 삶이 곧 천국이 된다."

우리는 일을 하면서 살아간다. 한 가지 일을 끝내면 또 다른 일이 몰려온다. 일이 곧 인생이다. 스스로를 야근 수당이나 받기 위해 일하는 사람으로 몰아세우지 말자. 야근 수당을 받지 말자는 게 아니다. 야근을 하면 수당을 받아야 하는 건 당연하다. 하지만 그게 곧 목적은 아니라는 말이다.

"일을 한다는 건 인생의 한 부분과 맞바꾸는 것이다. 그래서 일을 하는 시간은 곧 인생이 만들어지는 시간이다."

어느 곳에서든, 누구에게서든 가치와 의미를 찾아낼 줄 알아야 한다. 이게 바로 삶의 지혜다. 자신의 일에 가치를 느끼면, 자신의 일을 좋아하게 되고 높은 경쟁력을 가지게 된다. 성공할 가능성이 더 높아지고 행복할 가능성이 더 높아진다.

황농문 교수가 재미있는 제안을 했다.

"아내 또는 남편에 대해 의도적으로 상대의 매력과 호감에 대해 깊이 생각해보자. 그 사람의 장점에 의도적인 몰입을 하면 장점에 대한 인식이 증폭된다. 이런 노력을 자나 깨나 몇 주일 이상 시도한다면, 자신의 배우자와 함께 사는 하루하루가 기적처럼 행복하게 느껴질 수 있다."

이 글을 쓰면서, 생각을 바꾸는 것만으로도 배우자와 함께 사는 게 기적 같은 삶이 될 수 있다는 말에 미소가 지어진다. 구글의 명상 지도자 차드 멍 탄은 이런 생각을 하면서 일한다고 한다.

"숨을 들이쉬며, 나는 지금 평화롭다. 숨을 내쉬며, 나는 지금 미소 짓는다. 지금 현재의 순간, 정말 멋지다!"

차드 멍 탄의 말처럼, 황농문 교수의 말처럼, 생각을 바꾸면 기적이 생긴다. 결국 기적을 만든다는 건 자기 생각을 바꾸는 것이다.

자기 일에 의미를 부여하고, 가치를 부여하고, 자기 일에서 보람을 찾아내는 걸 잡 크래프팅(job crafting)이라고 한다. 잡 크래프팅은 자기 일을 예술의 경지로 끌어올리는 거다. 이렇게 되면 똑같은 일을 하면서도 일의 만족도는 180도 달라진다.

잡 크래프팅! 자기 일에 대한 생각을 바꾸는 것만으로도, 자기 일을 기적으로 만들 수 있다!

제2장

———

걸림돌인가,
디딤돌인가?

판을 깨는 사람,
판을 키우는 사람

한국 축구 경기를 보던 브라질 사람이 말했다.

"한국 사람들은 축구를 좋아하는 건지, 이기기 위해 축구를 하는 건지 알 수가 없네요."

브라질 사람들은 어릴 때부터 축구를 좋아하고 즐기기 때문에 자연스럽게 축구 실력이 좋아진다고 했다.

'좋아서 하는가? 이기기 위해서 하는가?'

그 말이 내 머리를 강하게 때렸다. 직장에서도 마찬가지다. 단지 이기기 위해 일하는 사람들이 많다. 이들은 죽기 살기로 일한다. 주변을 돌아보지 않는다. 동료는 경쟁자이고, 부하 직원은 목표 달성 도구에 불과하다. 이들에게 직장에서의 행복이란 언감생심이다. 오직 이기기 위해 일할 뿐이다. 직장 생활의 목적 같은 건 잊은 지 이미 오래다.

하버드 대학 탈 벤 샤하르 교수는 이렇게 일하는 사람들을 일컬어 '미래의 행복을 위해 현재의 행복을 저당 잡힌' 사람들이라고 했다.

이들은 오직 이기기 위해 하루를 전쟁같이 살아간다. 내일의 행복을 위해 오늘의 행복은 포기한다. 이렇게 한 달을 채우고 1년을 버틴다. 그렇게 정년이 될 때까지 일한다. 그러나 이들에겐 미래의 행복은 영원히 찾아오지 않는다. 그토록 열심히 일했는데 가족에게서 멀어져 있고, 변변한 친구 하나 없다. 직장 동료나 선후배는 경쟁자일 뿐이다. 이들은 비로소 생각한다.

'내가 뭘 위해 그렇게 열심히 일했는가? 왜 그렇게 동료들과 질시하고 반목하며 경쟁했을까? 부하 직원들에겐 왜 그렇게 화를 냈을까?'

밀려오는 회한에 잠을 설친다. 안타깝게도 자신만은 예외일 거라고 생각하면서 아직도 이렇게 일하는 사람들이 많다.

우리나라 최고 기업의 최 부사장에게 물었다.

"어떻게 하면 임원이 될 수 있습니까?"

의외의 대답이 돌아왔다.

"그건 아무도 모릅니다. 아마 신도 모를 겁니다."

그의 설명은 이랬다.

'임원이 되기 위해선 물론 성과를 잘 내야 한다. 그러나 성과가 좋다고 해서 무조건 임원이 되는 건 아니다. 자리가 있어야 한다. 자기가 승진할 시점에 빈자리가 있어야 한다.

첫째는 성과가 좋아야 하고,

둘째는 운이 따라야 하며,

셋째는 방해하는 사람이 없어야 한다.

상사는 자기 힘으로 부하 직원을 승진시키진 못해도 고춧가루는 뿌릴 수 있다. 상사가 강력하게 반대하면, 제아무리 성과가 좋다고 해도 승진하기 어렵다. 승진 후보가 한 명만 있는 게 아니기 때문이다. 이렇게 많은 변수가 작용하기 때문에, 어떻게 하면 임원이 될 수 있는지 한마디로 잘라 말하기 어렵다.'

내가 난감한 표정을 짓자 최 부사장이 웃으면서 말했다.

"그래도 한 가지 확실한 게 있습니다. 그 사람이 판을 깨는 사람인지, 판을 키우는 사람인지를 보면 압니다."

최 부사장이 말하는 판을 깨는 사람은 이렇다.

- 걸핏하면 화내고 신경질 부린다.
- 매사 부정적이고 불평불만이다.
- 다른 사람들의 기분을 나쁘게 만들어 일할 맛을 떨어뜨린다.
- 동료들을 오직 경쟁자로만 생각한다.

반면에 이런 사람은 판을 키우는 사람이라고 했다.

- 어려운 일을 겪어도 화를 잘 내지 않고
- 긍정적인 말을 주로 하고
- 다른 사람의 기운을 북돋우며
- 즐겁게 일할 수 있는 분위기를 만들고
- 동료들을 함께 성장하는 동반자로 생각한다.

이런 기준으로 볼 때 내 주변엔 판을 깨는 사람들이 더러 있다. 이들은 사람을 잘 보지 않는다. 오직 성과만 추구한다. 성과를 내는 데 걸림돌이 되면 화를 내거나 인신공격을 한다. 이들은 가족의 행복을 위해 일한다고 하면서도 가족 관계를 소홀히 한다. 일만 잘하면 된다고 믿는다. 어차피 가족들을 위해 일하는 거니까 일만 열심히 하면 가족 관계가 저절로 좋아질 거라는 환상에 사로잡혀 있다.

직장 동료에 대한 생각도 마찬가지다. 직장 동료는 가족도 아니고 친구도 아니다. 친목을 위해 직장에 다니는 게 아니므로 동료들과 사사로이 좋은 관계를 만들 필요가 없다. 오직 성과만 잘 내면 된다. 그래서 성과를 내는 데 걸림돌이 되면 화를 내도 괜찮다고 믿는다. 그게 잘하는 거라는 확신에 차 있다.

반대로, 내 주위엔 판을 키우는 멋진 사람들이 제법 있다. 이들은 웬만해선 화를 내지 않는다. 함께 일하는 사람들의 기분을 배려하고 존중한다. 최악의 경우에도 차선의 방법을 고민한다. 이들은 결과도 중시하지만 과정을 더 중요하게 생각한다.

이들은 일 속에서 즐거움을 만든다. 그렇다고 적당히 일하는 건 아니다. 이들도 열심히 일한다. 그러나 앞뒤 가리지 않고 전속력으로 질주하는 브레이크 없는 기관차처럼 일하진 않는다. 앞뒤 좌우의 사람들을 살펴가면서 일한다.

'빨리 가려면 혼자 가고, 멀리 가려면 함께 가라'는 인디언 속담처럼 그들은 동료들과 함께 성장하기를 원한다. 그들에게 동료는 경쟁자가 아니라 서로 돕고 함께 성장하는 동반자들이다.

오직 성과를 내기 위해서만 일하는가? 그 과정에서 화를 내고 상대방을 비난하는가? 주변 사람들이 경쟁자이고 적인가? 그렇다면 당신은 판을 깨는 사람이다.

일하는 게 즐거운가? 동료들을 적이 아닌 동반자로 생각하는가? 그 과정에서 서로 앞서거니 뒤서거니 하며 함께 성장하는 거라고 믿는가? 그렇다면 당신은 판을 키우는 사람이다.

판을 깨는 사람들은 휴식 없이 일하는 걸 자랑으로 여긴다. 부하직원들에게도 휴식 없이 일할 것을 요구한다. 여기서 충돌이 발생하고 더 크게 판이 깨진다.

판을 키우는 사람들은 재충전 없이 죽기 살기로 일만 시키는 건 사람의 영혼을 망가뜨리는 거라고 생각한다. 그들은 부하 직원들에게 적절한 휴식 시간과 공간을 만들어주고 기다려준다. 여기서 판이 더 커진다. 인디언들은 여행할 때, 한참 동안 말을 타고 달린 후엔 반드시 멈추어 서서 지팡이를 땅에 꽂고 기다린다고 한다. 빨리 오느라 혹시 '자신의 영혼'이 따라오지 못했을까 봐 잠시 멈추고 기다리는 것이다. 인디언들은 자신의 영혼과 함께 여행한다.

어떤가? 당신은 지금 자신의 영혼과 함께 일하고 있는가?

리더, 자기 생각에 속지 마라

아부와
충성의 차이

D그룹 인사 담당 임원이 말했다.

"직장에서 성공하려면 상사를 좋아해야 합니다. 상사와 관계가
나쁜 사람은 성공하기 어렵습니다."

그 임원이 들려준 이야기다.

D그룹은 과장에서 차장으로 승진하는 데 대체로 4~5년이 걸린
다. 장 부장은 과장에서 차장으로 승진하는 데 10년이 걸렸다. 이쯤
되면 더 이상 승진을 기대하기 어렵다. 그런데 장 부장은 차장으로
승진한 지 1년 만에 부장으로 승진했다. 차장 승진은 늦었지만 부
장 승진은 초고속이다.

장 부장은 과장 시절엔 상사들과 관계가 나빴다. 사사건건 상사

들과 충돌했고 성과도 부진했다. 일하는 재미도 없었다. 승진은 꿈도 꾸지 않았다. 부장이 바뀌었다.

새로 온 부장이 장 과장에게 말했다.

"당신은 지금 저평가되어 있는 것 같다. 우리 부서에서 당신이 가장 오래 근무했으니 부서 업무에 제일 정통할 거다. 앞으로 잘해보자."

장 과장은 의아해하면서도 자신에게 기대를 거는 부장을 실망시키지 않으려고 열심히 일했다. 장 과장은 매번 자신을 칭찬해주는 부장을 좋아하게 됐다. 그러다 보니 장 과장은 더 좋은 성과를 냈고 부장과의 관계도 좋아졌다. 장 과장은 곧바로 차장으로 승진했고, 이듬해에 또 부장으로 승진했다.

장 부장이 말했다.

"상사가 나를 싫어한다고 생각할 때는 직장 생활이 힘들었는데, 상사가 나를 좋아해주니까 나도 상사를 좋아하게 됐고, 신나서 일하게 되고 성과도 좋아진 것 같습니다. 직장 생활의 비결은 상사를 좋아하는 거라고 생각합니다."

회사를 그만두겠다는 사람을 코칭한 적이 있다. 상사가 너무 괴롭혀서 다른 회사로 옮기겠다고 했다. 그 사람은 예전에도 상사 때문에 두 번이나 회사를 옮긴 적이 있다고 했다. '회사를 보고 들어와서, 상사 때문에 떠난다'는 말이 있다. 실제로 퇴사하는 사람들의

85%가 상사와의 갈등 때문에 회사를 그만둔다는 통계도 있다.

그 사람에게 물었다.

"상사의 장점이 무엇입니까?"

놀랍게도 그 사람은 상사의 장점을 한 가지도 말하지 못했다. 상사의 장점 20개를 적어오라고 숙제를 내줬다. 숙제를 하고 난 후 그 사람이 말했다.

"상사의 장점이 많은데도 불구하고 난 상사의 약점만 보았습니다. 내가 스스로 지옥을 만들었습니다. 생각을 바꾸니 상사가 꽤 괜찮은 사람으로 보였습니다."

이후 그 사람은 상사와 관계가 좋아졌고 지금도 그 회사에 다니고 있다.

어떤 임원을 코칭하기 위해 그 임원의 부하 직원 다섯 명을 인터뷰한 적이 있다. 인터뷰를 하면서 깜짝 놀랐다. 사람들마다 말하는 게 너무 달랐다. 어떤 사람은 자신의 직장이 다닐 만하다 했고, 어떤 사람은 목구멍이 포도청이라 어쩔 수 없이 다니긴 하지만 자기 직장은 지옥이라고 했다. 어떤 사람은 자기 임원을 존경한다 했고, 어떤 사람은 자기 임원을 파렴치하다고 했다. 누가 더 행복한 직장 생활을 하고 있을지 짐작이 됐다.

몇 년 전에 TV에서 가수 김종민이 이런 말을 했다.

"제가 슬럼프를 겪을 때 〈동물의 왕국〉을 많이 봤는데 모든 동물들에게 필살기가 있었습니다. 사람도 마찬가지라고 생각합니다. 누구나 자신의 필살기가 있다고 생각합니다. 다만, 아직 못 찾았을 뿐이라고 생각합니다."

이 말을 듣고 김종민이 매우 똑똑한 사람이라는 생각이 들었다. 하워드 가드너는 다중 지능 이론을 통해 '누구나 타고난 재능이 있다. 그 재능이 사람마다 서로 다를 뿐이다'라고 했다. 김종민의 말을 빌리면, 사람들의 '필살기'가 모두 다르다는 거다.

망치질을 잘하는 사람도 있고, 톱질을 잘하는 사람도 있다. 그런데 톱질 잘하는 사람에겐 망치질을 못한다며 야단치고, 망치질 잘하는 사람에겐 톱질을 못한다고 비난한다면 어떻게 될까? 직장 생활은 그야말로 지옥이 되고 말 것이다. 부하 직원들의 약점만 들춰내어 야단치는 상사가 있는가 하면, 부하의 강점을 찾아내어 육성해주는 상사도 있다. 마찬가지로 상사의 부족한 점만 보는 부하가 있는가 하면, 상사의 장점을 먼저 보는 부하가 있다.

기업에서 강의할 때마다 강조한다.

"사람은 누구나 장점과 약점이 동시에 있다. 상대방의 약점만 보지 말고, 상대방의 장점을 먼저 보자. 동료들을 볼 때마다 동료들의 필살기를 찾는 캠페인을 벌이자."

종이를 꺼내 상사의 장점을 열 개 이상 적어보라. 만약 상사의 장점을 열 개 이상 적을 수 없다면, 당신은 마음속으로 상사를 무시하고 있는지도 모른다. 마음속으로 상사를 형편없는 사람으로 생각하면 내 마음이 그대로 상사에게 전해진다. 상사도 나를 싫어하게 될 것은 자명하다.

마음속으로 누군가를 야단치려고 생각해보자. 아직 야단을 치진 않았지만 내 기분은 이미 나빠진다. 반대로, 누군가를 칭찬하려고 생각해보자. 아직 칭찬을 하지 않았어도 내 기분은 이미 좋아져 있다. 상대방을 싫어하거나 좋아하는 마음속의 생각이 그대로 관계로 연결된다.

코칭을 하던 중에 어느 팀장이 말했다.

"저는 임원 승진이 어려울 것 같습니다."

이유를 물었더니 자기는 아부를 잘하지 못하기 때문이라고 했다. 아부와 충성의 차이가 뭔지 물었다. 그가 아부는 진심으로 우러나지 않는 행동을 하는 거고, 충성은 진심으로 우러나는 행동을 하는 거라고 말했다.

내가 말했다.

"그러면 진심에서 우러나는 행동을 하면 되겠네요. 상사를 진심으로 좋아하세요!"

그가 어리둥절해했다. 나는 한마디 더 덧붙였다.

"지속적으로 잘하는 게 충성이고, 필요한 때만 골라서 잘하는 게 아부입니다."

아부와 충성의 차이는 이렇다.

• 속 다르고 겉 다르면 아부다.

- 필요한 때만 골라서 잘하면 아부다.
- 자신을 진심으로 좋아하면 충성이다.

자신을 진심으로 좋아하는 사람에게는 아부한다고 말하지 않는다. 자신을 진정으로 좋아하는 사람에겐 호감을 가지게 되고 그를 좋아하게 된다. 이게 아부와 충성의 차이다.

그렇다면 진심인지 아닌지는 어떻게 아는가?

간단하다. 자신에게 물어보면 된다. 자기 마음은 자기가 제일 잘 알기 때문이다. 자기가 아부라 생각하면 아부고, 자신이 충성이라 생각하면 충성이다.

상사의 단점이 먼저 보인다면 직장 생활은 매우 위험하다. 자신의 마음은 그대로 드러나게 되어 있고 상사를 적으로 만들고 만다. 누구나 약점과 장점이 모두 있다.

어떤가? 당신은 상사의 장점이 먼저 보이는가? 약점이 먼저 보이는가?

당신의 상사는
걸림돌인가, 디딤돌인가?

'무능한 상사와 함께 일해본 적이 있는가?'

'혹시 지금 무능한 상사와 함께 일하고 있는가?'

그렇다면 당신은 지금 위험에 빠져 있다. 실제로 당신의 상사가 무능하다면 당신의 성공에 걸림돌이 될 것이고, 반대로 당신의 상사가 무능하지 않은데도 당신이 그렇게 생각하고 있다면 상사는 당신에게 고춧가루를 뿌릴지도 모른다.

코칭하면서 가슴 아픈 일을 자주 접한다. 최근에 만난 P기업 송 부장은 상사와의 관계 때문에 직장 생활이 너무 힘들다고 했다. 같은 회사에 근무하는 서 부장도 그 상사 때문에 직장 생활을 하기가 너무 힘들다고 했다. 나쁜 상사 한 명 때문에 조직원 전체가 힘들어하고, 지옥 같은 직장 생활을 하고 있는 현실이 가슴 아팠다. 몇 달 후에 송 부장이 회사를 떠났다는 소식을 들었다. 상사의 괴롭힘을 도저히 견디지 못해 다른 회사로 옮겼다고 했다. 서 부장은 이 소식을 전하면서 담담하게 말했다.

"저는 그동안 상사와의 불화 때문에 여러 번 회사를 옮겼습니다. 하지만 새로운 회사에도 그런 상사는 늘 있었습니다. 이번에 또 옮긴다고 해서 나쁜 상사를 안 만난다는 보장이 없기 때문에 이번엔 다르게 생각하기로 했습니다. 저 상사가 나에게 원하는 게 뭘까? 저 상사는 뭐가 불안해서 저렇게 화를 낼까? 상사의 '욕구와 불안'에 대해 집중적으로 생각했습니다. 그러자 상사가 보이기 시작했습니다. 상사의 불안을 제거해주려 노력했고, 상사의 욕구를 충족시켜주기 위해 노력했습니다. 상사는 제가 긍정적이고 주도적인 사람으로 변했다고 하더군요. 저는 속으로 씁쓸했습니다. 자기 욕구를 해결해주면 긍정적이고 주도적인 사람이다……?"

S전자 안 상무는 직장에서 성공하고 싶으면, 상사와 경쟁하지 말고 그를 성공시켜야 한다고 주장한다. 그의 말은 이렇다.

첫째, 상사의 목표가 뭔지 정확히 파악하라.

둘째, 상사가 나에게 원하는 게 뭔지 정확히 알아라.

셋째, 상사의 애로 사항이 뭔지 파악하라.

넷째, 제대로 된 정보를 제때 제공하라.

다섯째, 상사의 성공이 나의 성공이라는 마음가짐으로 상사를 적극적으로 보좌하라.

여섯째, 상사가 고마움을 느낄 수 있도록 하라.

이렇게까지 직장 생활을 해야 하는지 자괴감이 드는가?

아부라는 생각이 드는가?

만약 이런 생각이 든다면 당신은 아마추어다.

프로는 자기 고객이 누군지 정확히 알고 있다. 자기에게 가장 영향력이 큰 사람이 누군지 잘 알고 있다. 자신의 행복과 불행을 좌우하는 사람이 누군지도 잘 알고 있다.

당신이 상사라고 생각해보라. 자신을 경쟁자로 생각하는 부하 직원을 좋아하겠는가? 적극적으로 보좌해주는 부하를 좋아하겠는가?

간혹 상사를 경쟁자로 생각하고 견제하며 딴죽을 거는 사람들이 있다. 그러는 게 자신의 능력을 드러내는 방법으로 착각한다. 이런 행동은 자신을 위하는 게 아니다. 자신을 해치는 행위다.

'잊지 말자. 상사는 절대 걸림돌이 아니다. 상사는 언제나 나의 디딤돌이다.'

S기업 권 부장을 코칭했을 때다.

권 부장이 말했다.

"저는 임원이 될 수 없을 것 같습니다."

이유를 물었다.

"저는 학벌도 좋지 않고, 빽도 없기 때문입니다."

많은 직장인들이 학벌과 인맥을 승진의 조건으로 믿고 있다. 학벌이 좋고 줄을 잘 타야 직장에서 성공할 수 있다고 믿는다.

과연 그럴까?

권 부장에게 물었다.

"당신은 상사의 성공을 위해 무얼 하고 있습니까?"

권 부장은 어리둥절해했다.

'내 코가 석 자인데 내가 누굴 챙겨? 상사의 성공을 챙기라고? 말도 안 돼……!'

권 부장은 강하게 반발했지만 더 강하게 물었다.

"지금 당신 상사의 애로 사항이 무엇입니까? 그걸 해결해주기 위해 당신은 무얼 하고 있습니까?"

계속되는 질문에 권 부장은 마지못해 대답했다.

"앞으로 상사를 성공시키기 위해 제가 뭘 해야 할지 고민해보겠습니다."

그 후 코칭의 주제는 '어떻게 하면 나의 상사를 성공시킬 수 있는가?'로 바뀌었다.

권 부장의 상사인 강 전무는 자기 부서 일은 잘 챙겼지만 다른 부서와의 관계를 등한시했다. 반면에 권 부장은 유관 부서와 자주 만나 차도 마시고 식사도 하면서 좋은 관계를 유지하고 있었다. 이때마다 권 부장은 강 전무를 칭찬했다. 권 부장은 지속적으로 강 전무를 홍보했다. 강 전무의 성공을 진심으로 빌었다. 권 부장의 이런 행동은 강 전무에게 전해졌다.

"전무님, 권 부장 그 친구 꽤 괜찮은 사람 같습니다. 일도 열심히 하고 애사심도 있고 충성심이 있는 것 같습니다."

1년 후 강 전무가 계열사 사장으로 갈 때 권 부장을 상무로 승진시켜 데리고 갔다.

상사를 경쟁자로 생각하고 상사와 싸우는 건 멍청한 짓이다. 똑같은 성과를 내고 똑같은 조건일 때는 상사의 말 한마디가 승진에 절대적인 영향을 미친다. 상사는 부하의 승진에 대해 절대적 권한을 가지고 있다. 따라서 상사를 적으로 만드는 건 자신을 해치는 것과 같다.

'만약 상사의 스타일이 마음에 들지도 않고, 상사의 업무 능력이 현저히 떨어진다면 어떻게 해야 하는가?'

'아무리 잘 보좌해도 상사가 성공하기 어렵다고 판단될 경우에는 어떻게 해야 하는가?'

어떤 경우에도 상사를 무시해선 안 된다. 상사를 경쟁자로 생각해서도 안 되고 절대 싸워서도 안 된다. 상사는 도움을 주진 못해도 해코지는 할 수 있기 때문이다. 상사가 어떤 사람이든, 어떤 상황에 있든, 언제나 상사를 고객으로 생각하라. 나의 생사여탈권을 쥐고 있는 절대적 고객으로 생각하라. 그런 노력을 하는 것 자체로 우리는 이미 성공의 문턱으로 가고 있다.

조직에는 세 단계의 사람이 있다.

첫째, 자기 혼자서만 잘하는 사람.

둘째, 다른 사람들과 함께 잘하는 사람.

셋째, 다른 사람들이 잘하도록 만들어주는 사람이다.

조직에선 혼자만 잘하는 사람을 좋아하지 않는다. 다른 사람들과 함께 잘할 수 있어야 한다. 자기 혼자 잘나려고 하는 사람은 경계 대상이다. 조직은 목표를 향해 함께 나아가고 시너지를 내는 사람을 원한다. 더 나아가 상사를 보좌하고 상사를 지원하고 상사의 성공을 돕는다면 더할 나위 없다. 상사의 목표와 부하의 목표가 한 방향으로 정렬되어 일관되고 지속적인 시너지를 낼 때 조직은 성장한다.

다시 한 번 말하지만, 상사는 절대로 경쟁자가 아니다. 상사가 무능하든 유능하든 그건 아무런 문제가 되지 않는다.

'상사가 무능하다면 내 성공에 걸림돌이 될 거고, 반대로 상사가 무능하지 않은데도 내가 그렇게 생각하고 있다면 상사는 내게 해코지를 할지도 모른다.'

어떤 경우에도 상사를 지원하고 상사를 성공시키는 게 자기가 성공할 수 있는 지름길이다. 상사를 걸림돌이 아닌 디딤돌로 만들어야 한다. 별다른 수가 없다.

당신은 어떤가? 당신의 상사는 걸림돌인가, 디딤돌인가?

상사에 대해
명상하라

'김 과장, 당신이 본부장이라면 어떻게 하고 싶어?'

과장 시절에 본부장이 항상 묻던 질문이다. 처음 결재를 받을 땐 몹시 당황했다. 본부장의 입장에서 생각해본 적이 없었기 때문이다. 등에서 식은땀이 흘러내렸다. 두 번째 결재를 받을 땐 짜증이 났다.

'나는 본부장도 아닌데, 그걸 왜 나한테 묻지? 그건 본부장이 알아서 해야 하는 거 아냐?'

내 기분이 어쨌건 본부장은 아랑곳하지 않았다. 언제나 물었다.

"당신이 본부장이라면 어떻게 할 건가?"

대답을 준비하지 않을 수 없었다. 결재 받으러 가기 전에 본부장이라면 어떻게 할 건지 고민하는 습관이 생겼다. 2년 후에 지점 차장으로 발령이 났다. 놀라운 일이 벌어졌다. 지점장이 뭘 고민하고, 뭘 원하는지 훤히 보였다. 지점장보다 한 직급 높은 본부장의 입장에서 2년 동안 생각했던 결과였다. 지점장은 나를 무척 신뢰했다. 자기 것만 챙기는 게 아니라 지점 전체를 챙기는 안목이 있다고 칭찬했다. 지점장과 신나게 일했다. 실적도 매우 좋았다.

이런 말을 하는 사람들이 있다.

"저는 부하 직원들과는 관계가 좋은데 상사와는 별로 사이가 좋지 않습니다. 상사의 부당한 지시로부터 부하 직원들을 보호하려 하다 보니 상사와 자주 부딪힙니다."

이런 말을 들으면 답답하다. 이들은 상사와 사사건건 부딪힌다. 그러다 보니 부하 직원들을 보호하기는커녕 실제론 더 힘들게 만든다.

이들은 상사로부터 부하 직원들을 보호하는 게 자신의 역할이라고 생각한다. 위험천만한 생각이다. 그렇다면 상사는 부하 직원을 일부러 힘들게 하는 사람들이란 말인가? 자기만 부하 직원들을 챙기는 멋진 상사란 말인가? 자기가 하면 로맨스고 남이 하면 불륜이라는 말과 같다.

이들은 상사에 대해 적대적이다. 사사건건 불만이다. 이래선 직장 생활이 결코 순탄할 수 없다. 상사와 자신은 공통의 목표를 향해 나아가는 공동 운명체다. 그런데 '상사 따로, 자기 따로'라고 생각하면서 일한다면 어찌 되겠는가?

C기업 황 부장이 하소연했다.

"상사가 뭘 원하는지 도무지 알 수가 없습니다. 어제는 하라고 했다가 오늘은 하지 말라 하고 내일은 또 말을 바꿉니다. 항상 말을 바꾸고 책임을 회피합니다. 일은 얼마든지 열심히 할 수 있지만 이런 건 도저히 못 견디겠습니다."

황 부장에게 요청했다.

"상사가 업무를 지시할 때 메모하면서 들으세요. 비록 상사의 지시가 부당하다고 생각되더라도 항상 메모하십시오. 앞으로 3개월 동안 메모를 하면서 들으세요. 그 후에 메모 소감을 함께 이야기해 보기로 할까요?"

3개월 후에 황 부장을 다시 만났다. 황 부장의 표정이 밝았다.

"무슨 일이 있었습니까?"

황 부장이 웃으며 말했다.

"코치님, 메모 효과가 끝내주던데요!"

황 부장의 말을 정리하면 이렇다.

처음엔 자기가 메모하면서 들으니까 상사가 약간 불편해하는 기색을 보였지만 지시를 정확히 이행하기 위해 메모하는 거라고 양해를 구했다. 그랬더니 상사의 지시가 신중해졌다. 즉흥적으로 말했다가, 언제 그랬냐는 듯 말을 바꾸는 게 사라졌다. 상사에게 나타난 변화다. 하지만 그보다 더 큰 변화가 생겼다.

- 상사의 말을 메모하다 보니 상사의 입장을 이해하게 되었다.
- 상사가 말을 바꾸는 게 아니라, 상황이나 조건들이 변했기 때문에 어쩔 수 없이 지시를 바꾸는 경우가 많다는 걸 이해하게 됐다.
- 상사의 다음 지시도 예측할 수 있게 됐다.
- 상사가 뭘 두려워하는지 확실히 알 수 있었다.
- 상사의 스타일도 이해할 수 있었다.

상사는 자신의 욕구는 돌려서 말하지만 불안에 대해서는 신경질적으로 민감하게 반응했다. 좋은 성과를 내는 것도 중요하지만 나쁜 실적 내는 걸 못 견딜 정도로 힘들어했다.

황 부장은 메모 덕분에 상사에 대한 오해가 없어지고 불필요한 감정의 낭비 없이 일할 수 있게 됐다고 했다.

"부장님, 더 멋진 걸 해보실래요?"

황 부장에게 한 걸음 더 나아갈 것을 주문했다.

"매일 아침 10분 정도 상사에 대해 명상을 하는 겁니다. 해보시겠습니까?"

'상사에 대한 명상'이란 상사의 현재 상황, 애로 사항, 불안, 욕구 등에 대해 명상하듯이 집중하고 몰입해서 생각하는 걸 말한다. 업무 시작하기 전에 10분 동안 상사에 대해 전반적으로 생각해보는 시간을 가지는 거다.

눈을 감고 곰곰이 생각에 잠긴다.

'상사의 애로 사항이 뭘까?'

'그가 지금 해결하고 싶은 건 뭘까?'

'그는 내가 뭘 해주길 원할까?'

'내가 절대 실수하지 않기를 바라는 건 뭘까?'

보통의 경우, 우리는 자기 입장에서 모든 걸 생각하기 때문에 상사의 입장을 깊이 있게 이해하기 어렵다. 상사가 어떤 욕구를 가지고 있는지, 무얼 불안해하는지 모르는 상태에서 일한다면, 상사와 좋은 관계를 맺기 어렵다.

상사를 인간적으로 이해하고, 한발 앞서 상사의 요구 사항을 처리하고, 상사의 애로 사항을 미리 알고 해결해줄 수 있는 능력을 배양하는 게 바로 상사에 대한 명상이다. 상사에 대해 명상하면 상사가 무얼 두려워하는지, 무얼 원하는지 정확히 알 수 있다.

'지피지기면 백전불태'다. 상사에 대해 잘 알고 있으면 직장 생활이 결코 위태롭지 않다.

코칭하면서 자주 묻는다.

"당신의 가장 중요한 고객은 누구입니까?"

소비자, 거래처, 협력 업체, 부하 직원 등 다양한 대답이 나왔지만 '상사'라는 대답을 들은 기억이 없다.

곰곰이 생각해보자.

'상사란 내게 어떤 존재인가?'

상사는 일을 비틀어 힘들게 만들 수도 있고 쉽게 풀어줄 수도 있다. 평가 점수를 좋게 줄 수도 있고 바닥에 떨어뜨릴 수도 있다. 승진시켜줄 수도 있고 승진을 방해할 수도 있다. 이쯤 되면 상사는 내게 최고로 중요한 고객이 아닌가? 최고 중요한 고객에 대해, 그를 파악하는 시간을 가지는 건 지극히 당연한 일이다.

그러나 안타깝게도 상사에 대한 명상을 아부로 생각하는 사람들이 있다. 부하 직원들에겐 온갖 정성을 쏟을 수 있지만 상사에겐 체질적으로 거리감을 느낀다는 거다. 물론 이해가 전혀 안 되는 건 아니다. 그동안 살아오면서 상사들에게 부당한 대우를 받았을 수도 있고 진짜 나쁜 상사를 만났을 수도 있다. 그래서 상사에 대한 반감이 쌓였을 수도 있다.

하지만 심각하게 생각해보자. 이유야 어쨌건, 지금의 상사를 마음속으로 나쁜 놈으로 생각하고 있다면 말이나 행동으로 은연중에 드러날 것이다.

'이건 자해 행위다.'

그동안 얼마나 나쁜 상사를 만났는지는 중요하지 않다. 지금의 상사와 어떤 관계를 맺는지가 중요할 뿐이다. 자신이 마음속으로 생각하는 상사가 '현실의 상사'다. 상사가 원하는 걸 잘하는 것도 중요하지만 상사가 두려워하는 걸 하지 않는 게 더 중요하다.

상사들은 두려움을 만나면 이성이 마비된다.

조심하자! 상사가 두려워하는 게 뭔지 자나 깨나 살피자!

정보가 다르면
생각이 바뀐다

L기업 박 차장은 직장 생활이 너무 힘들었다. 상사인 강 상무 때문이다. 강 상무는 폭언을 한다. 박 차장은 이런 폭언을 들으면서까지 직장 생활을 해야 하나 싶어 절망을 느꼈다. 급기야는 우울증 치료까지 받았다. 박 차장뿐만 아니라 강 상무와 함께 근무하는 사람들은 대부분 심각한 스트레스에 시달리고 있었다.

강 상무의 아버지가 돌아가셨다. 박 차장은 회사를 그만두려고 마음먹고 있었지만, 그 집안이 너무 궁금했다. 강 상무가 집에서는 어떻게 살고 있는지 알고 싶었다. 그래서 장례식장에 갔다. 그런데 강 상무의 사정을 자세히 알고 나니 강 상무에게 측은한 마음이 생겼다.

강 상무 가족 중엔 제대로 된 사람을 찾아보기 힘들었다. 어머니는 사이비 종교에 빠져 강 상무가 어릴 적에 집을 나가서 소식이 없다. 아버지는 치매에 걸려 10년 가까이 병 수발을 했다. 동생은 변변한 직장 생활을 하지 않고 강 상무에게 얹혀살고 있었다. 강 상무가 이런 환경에서 그동안 어떻게 살아왔는지 대견하게 여겨질 정도였다.

박 차장은 장례식장에 다녀온 후, 강 상무가 폭언을 해도 스트레스를 받지 않았다. 오히려 강 상무가 측은하게 여겨졌다. 그동안 앓고 있던 우울증도 깨끗이 나았다. 강 상무는 지금도 폭언을 한다. 박 차장의 환경은 하나도 바뀌지 않았다. 다만, 강 상무의 사정을 알게 된 것뿐이다. 이 사실 하나로 박 차장의 세상이 바뀌었다. 박 차장은 지금 즐겁게 직장 생활을 하고 있다. 박 차장은 생각했다.

'이게 뭐지? 강 상무 가족에 대한 정보를 알게 된 것만으로 강 상무에 대한 내 생각이 바뀌어버렸다. 강 상무는 아무것도 변한 게 없는데……'

S기업 허 파트장은 매사 신중하다. 지금 자신이 맡고 있는 업무에 만족한다. 자기에게 그런 중요한 일을 맡겨준 회사에 감사하고 있다. 그런데 같은 파트에 있는 김 대리가 자기를 너무 어려워하는 것 같다. 뭘 물어봐도 단답형으로 대답한다. 좀처럼 자기 의견을 말하지 않는다. 허 파트장은 후배들을 지원하고 육성하는 게 리더의

중요한 역할이라고 생각한다. 편안한 분위기에서 즐겁게 일하면서도 좋은 성과를 낼 수 있다고 믿는다. 후배들과 마음을 털어놓고 이야기할 수 있는 선배가 되고 싶다. 그런데 김 대리는 도무지 반응하지 않는다.

김 대리가 야구를 좋아한다는 사실을 알게 됐다. 롯데의 광팬이라는 것도 알게 됐다. 허 파트장은 파트원들과 함께 야구장에 가는 이벤트를 준비했다. 그리고 자기는 LG 팬이라고 밝히면서 재미있게 승부를 가려보자고 부추겼다. 파트원들과 치맥을 하면서 열심히 응원하고 즐겼다. 그다음 날 처음으로 김 대리가 먼저 허 파트장에게 말을 걸어왔다.

"파트장님이 야구를 좋아하는 줄 몰랐습니다. 파트장님은 일만 하는 사람인 줄 알았습니다."

그 후 허 파트장과 김 대리는 자주 어울려 야구 관람을 했다. 김 대리는 스스로 자기 의견을 말하게 됐다. 이젠 스스로 일을 찾아서 하고, 즐겁게 일한다.

허 파트장은 생각했다.

'이게 뭐지? 서로 야구를 좋아한다는 사실을 알게 되고, 함께 야구를 보러 간 것만으로 사람이 이렇게 달라지나?'

M기업 황 부장은 독서 모임에 다닌다. 책을 읽고 함께 토론하면 좋은 점이 많기 때문이다. 모임에 가면 좋은 책을 추천받아 읽을 수

있다. 책 읽는 재미가 쏠쏠하다. 지식도 생기고 지혜도 생긴다. 생각의 폭이 넓어지는 것 같고 자기가 성장하고 있다는 뿌듯함도 있다. 토론하면서 다른 사람의 생각을 들을 수 있어 사고가 확장되고 유연해진다. 자기 생각을 말하면서 생각이 정리되고 표현력도 좋아진다. 또 좋은 사람들과 친교하는 것도 큰 즐거움이다.

황 부장이 들려준 이야기다.

어느 토론하는 날이었다. 그날 진행자는 자기 말을 너무 많이 했다. 한 사람이 발표하고 나면 진행자가 그걸 요약했다. 황 부장은 진행자의 방식이 불편했다. 자기가 요약해주지 않아도 다른 사람들도 스스로 정리할 수 있는데 진행자가 너무 많이 개입하는 것 같았다. 자연스럽게 다른 사람들의 다양한 의견을 들을 수 있는 시간이 줄어들었고 진행자가 시간을 독점했다. 그렇게 불편함을 느끼고 있던 차에 진행자가 말했다.

"우리나라 교육은 엄마들이 문젭니다. 우리나라 교육이 제대로 되려면 엄마들이 정신 차려야 합니다."

황 부장이 발끈했다.

"교육이 그렇게 될 동안 아버지들은 도대체 무얼 하고 있었습니까?"

황 부장이 발끈하자 진행자는 당황했다. 황 부장은 내친김에 말했다.

"그리고 오늘 진행 방식도 문제가 있습니다. 우리 모두가 동등한

토론자인데 진행자 혼자 모든 발표 내용을 요약하느라 시간과 아이디어를 독점했습니다."

토론이 끝나고 나서 진행자가 황 부장에게 다가와 말했다.

"오늘 제 진행으로 불편했다면 죄송합니다. 제 딸아이가 엄마의 교육 방식에 불만을 품고 집을 나가버렸습니다. 시골에 있는 외할머니 댁에 갔는데 돌아오지 않겠다고 합니다. 아까는 딸 생각이 나서 저도 모르게 그런 말을 하고 말았습니다. 죄송합니다."

황 부장은 당황했다.

"아닙니다. 저는 그런 줄도 모르고 오해했습니다. 저 역시 그런 입장이었다면 그랬을 것 같습니다. 제가 너무 심하게 말한 것 같습니다."

황 부장은 진행자의 사정을 듣고 나니 화났던 마음이 눈 녹듯 풀리고 진행자가 측은하게 여겨졌다.

'이게 뭐지? 딸 이야기를 듣고 나니 화가 나질 않네……'

〈타타타〉라는 노래가 생각난다.

'네가 나를 모르는데, 난들 너를 알겠느냐……?'

직장 동료에 대해 얼마나 알고 있는지에 따라 친소(親疏)가 달라지고 업무 협조의 정도가 달라진다. 어떤 사람이 부탁하면 잘 들어주지 않는데 어떤 사람이 부탁하면 잘 들어준다. 친소 관계뿐만 아니라 서로의 감정 계좌에 잔고가 얼마나 있는지에 따라 달라진다.

상대방의 가정 상황을 이해하고 존중해주면 감정 계좌에 잔고가 더 쌓인다. 취미 활동을 같이해도 좋은 관계를 맺을 수 있다. 상대방의 가치관이 어떠한지, 어떤 신념을 가지고 있는지, 어떤 음식을 좋아하고 어떤 음식을 싫어하는지 등을 알려고 노력하는 건 상대방에게 좀 더 다가가는 것이다.

'당신은 직장 동료의 고향이 어딘지 알고 있는가? 가족 중에 아픈 사람이 있는지, 가정의 애로 사항을 알고 있는가?'

이런 것들은 정보다. 그런데 이 정보라는 게 간단치 않다. 강 상무의 경우처럼 어떤 정보는 그 사람 전체를 이해하는 데 도움이 된다. 허 파트장의 경우처럼 상대방의 취미를 알아주고 존중해주는 것만으로도 조직 분위기를 활기차게 만들 수 있다. 황 부장의 경우처럼 상대방의 처지를 아는 것만으로 상대방의 잘못도 너그럽게 이해해줄 수 있다.

직장 생활을 하면서 어느 정도까지 이런 정보들을 알아야 하는지에 대해선 의견이 분분하다. 아마 상황에 따라 다를 것이다. 그러나 분명한 것은 어떤 정보들은 전체 판을 뒤집기도 한다.

어떤가? 당신은 동료들에 대해 꼭 알아야 할 정보들을 제대로 알고 있는가?

리더는
주인공이 아니다

'하지 않아도 되는 일을 효과적으로 하는 것보다 멍청한 짓은 없다.'

H기업에 강의하러 갔을 때 그 기업의 CEO에게 들은 말이다. 원래는 피터 드러커가 한 말이다. CEO는 불필요한 일은 하지 말고 제대로 된 일을 하라고 강조했다. 그렇다. 하지 않아도 되는 일을 야근까지 하면서 열심히 하는 것처럼 슬픈 일은 없을 것이다.

10년 넘게 코칭을 하면서 알게 된 게 있다. 임원으로 승진한 사람을 두세 번 정도 코칭해보면 그 사람이 롱런할지 단명할지 어느 정도 알아차릴 수 있다. 얼마나 바쁜지 물어보면 된다. 롱런하는 사람들은 바쁘지 않다고 대답하는 반면에 단명하는 사람들은 정신을 못

차릴 정도로 바쁘다고 대답한다. 바빠 죽겠다고 한다.

바쁜 걸 자랑으로 여기는 사람들을 보면 안타깝다. 자신이 시간 관리를 잘못하고 있으며, 능력 없는 사람이라고 스스로 홍보하는 것처럼 여겨진다.

신임 팀장들을 코칭하기에 앞서 상사를 인터뷰하는 경우가 있다. 이들이 신임 팀장들에게 주로 주문하는 게 있다.

'바쁘지 말고, 크게 보라'는 것이다.

정신 못 차리게 바쁜 사람을 보면 언제 무슨 사고를 낼지 위태롭고 불안하다고 했다. 유능한 사람들은 대체로 여유롭다. 그들의 특징은 호시우보(虎視牛步)다. 눈은 호랑이처럼 예리하게 관찰하지만, 걸음은 황소처럼 느릿하게 여유가 있다. 그들은 결코 허둥대지 않는다. 항상 생각하면서 행동한다. 치밀하면서도 평정심을 잃지 않는다. 이런 사람은 듬직하다. 어떤 일을 맡겨도 잘해낸다.

S기업 홍 팀장은 승진한 후에 큰 과제를 해결했다고 했다. 홍 팀장이 팀장으로 부임하기 전엔 야근을 매일 밥 먹듯이 했지만 항상 꼴찌를 면치 못하던 팀을 최우수팀으로 만든 비결을 소개했다.

"제 주문은 간단했습니다. 팀원들에게 불필요한 일을 하지 말 것을 요구했습니다. 그 일을 왜 해야 하는지, 하지 않으면 무슨 일이 생기는지 생각한 후에, 꼭 해야 할 일이 아니면 그 일을 없애버리고, 그 시간에 휴식을 취하라는 거였습니다. 불필요한 업무를 없애고 꼭 해야 하는 일을 제대로 하는 것, 이게 우리 팀의 비결이었습니다."

요즘 젊은 사람들은 일에 대한 열정이 없다고 하소연하는 팀장을 만난 적이 있다. 팀원들을 인터뷰했다.

팀원들이 말했다.

"저희들이 열심히 일하지 않는다는 건 사실과 다릅니다. 저희들은 단지 불필요한 일을 하지 않으려는 겁니다."

사실은 이랬다. 팀장은 임원이 어떤 지시를 하면 제대로 살펴보지도 않고 그대로 팀원들에게 전달했다. 그저 중간 전달자 역할만 한 것이다. 그러다 보니 전달 과정에 오류가 생겼고, 직원들은 하지 않아도 될 일을 하는 경우가 빈번했다. 그 후 팀원들은 팀장이 일을 시키면 일단 미루는 습관이 생겼다. 시간이 지나면 안 해도 되는 일이 많았기 때문이다.

팀원들이 말했다.

"저희들도 일에 대한 열정이 있습니다. 다만 쓸데없는 일, 불필요한 일, 하지 않아도 되는 일을 하지 않으려는 것뿐입니다."

N그룹 박 상무가 말했다.

"리더는 자기가 주인공이라는 착각에 빠지면 안 됩니다. 일이 잘되게 해야지, 자기가 잘나 보이려고 하면 안 됩니다. 자기를 내세우는 사람은 모든 걸 직접 하려고 합니다. 그렇게 되면 리더 혼자 바쁘고 팀원들은 빈둥거리게 됩니다."

어떻게 하는 게 자기를 내세우지 않는 건지 물었다.

"어떤 일이 주어지면, 그 일을 자신이 꼭 해야 하는 건지 먼저 생각해야 합니다. 자신이 꼭 하지 않아도 되는 일은 과감하게 위임해야 합니다. 직원들을 주인공으로 만들어주기 위해 노력해야 합니다. 이게 자기를 내세우지 않는 겁니다."

직원들이 일을 잘할 수 있는 환경을 만들어주는 게 리더의 임무다. 리더는 목표를 공유하고 직원들의 노력을 한 방향으로 결집하여 성과를 내는 사람이다. 리더는 자신이 결코 주인공이 아니라는 사실을 명심해야 한다. 직원들의 성과를 통해 자신의 성과가 만들어지는 메커니즘을 이해해야 한다.

그럼에도 불구하고 자신이 모든 걸 직접 해결하려 하고 자신만이 문제를 해결할 수 있다고 믿는 사람들이 많다. 이들은 바쁜 게 일을 잘하는 거라고 생각한다. 착각이다. 이런 사람들의 특징을 보면 자신은 바쁜데 직원들은 늘 한가하다.

오래전 일이다. S기업 부사장을 코칭하던 중에 그 기업 팀장들을 대상으로 강의를 하게 됐다. 부사장이 말했다.

"코치님, 우리 팀장들에게 절대로 바쁘면 안 된다고 강조해주십시오. 어떤 팀을 보면 팀장은 죽어라 바쁜데 팀원들은 빈둥거립니다. 이건 팀장이 무능한 겁니다."

공무원의 수는 업무량의 증가와 관계없이 계속 증가한다는 파킨슨의 법칙처럼, 리더가 바쁘면 직원 수가 증가한다. 리더 자신이 바쓰기 때문에 조직 전체에 인원이 부족하다고 착각하는 거다.

리더는 매일 자신에게 물어야 한다.

'나는 오늘 하지 않아도 될 일을 하진 않았는가? 직원들이 해야 할 일을 대신 하진 않았는가?'

그리고 또 물어야 한다.

'나는 직원들을 주인공으로 생각하지 않고, 스스로 주인공이라고 생각하면서 일하진 않았는가? 일이 잘되게 하기보다 자신이 더 잘 나게 보이려고 하진 않았는가?'

인터넷에서 꼰대 테스트란 걸 본 적이 있다. 테스트 항목 중에 일을 시키면서, 묻지 말고 그냥 하라고 하면 꼰대에 해당한다고 한다. 엄밀하게 말하면 그냥 꼰대가 아니라 무능력한 꼰대다.

부하 직원의 질문에 몰라서 대답을 못한다면 무능력한 거고, 알면서도 설명해주지 않는다면 부하 직원을 무능하게 만드는 거다.

직원들은 자기 일의 의미와 가치가 무엇인지 알게 될 때 보람을 느낀다. 일을 더 잘하고 싶어 하며 실제로 더 잘하게 된다. 일방적으로 시키는 게 아니라 일의 목적과 의미를 알려줘야 하는 이유다.

실행 방법에 대해 함께 의견을 나누고 구체적인 실행은 직원 스스로 하도록 만드는 게 최상의 역량을 이끌어내는 동기부여 방법이다.

조용히 눈을 감고 자신이 일하는 모습을 돌이켜보자. 만약 당신이 정신을 못 차릴 정도로 바쁘다면 당신은 지금 함정에 빠져 있을 가능성이 높다. 직원들은 하지 않아도 될 일을 하고 있을지도 모른다. 부하 직원들이 해야 할 일을 자신이 하고 있을지도 모른다.

　제3자의 눈으로 자신을 살펴보자. 혹시 바쁜 모습이 열심히 하는 거고, 바쁜 모습이 일을 잘하는 거라고 생각하는가? 그렇다면 당신은 지금 함정에 빠져 있다. 왜 이 일을 하는지, 묻지도 않고 대답해 주지도 않는가? 그렇다면 당신은 리더가 아니라 꼰대일 가능성이 높다.

성과는
믿음에서 출발한다

중소기업 CEO들을 대상으로 강의를 했다. 쉬는 시간에 어느 CEO가 푸념했다.

"우리 회사엔 쓸 만한 사람이 없습니다. 제대로 일하는 사람이 없습니다."

그 말을 잠자코 듣던 다른 CEO가 말했다.

"사장님, 그거 큰일 날 소립니다. 만약 사장님 직원들이 그 말을 들으면 기분이 어떻겠습니까?"

이분의 말은 이랬다.

'대기업에 비해 중소기업의 처우가 열악하기 때문에 중소기업 직원들의 스펙이 상대적으로 떨어지는 건 사실이다. 집단 전체로 보면 대기업 직원들이 중소기업 직원들보다 역량이 뛰어날 거다. 엄연한 현실이다. 그러나 현실을 한탄하기만 해서는 안 된다. 리더는 이런 현실을 직시하고 그 속에서 해법을 찾아야 한다. 리더가 직원들의 역량을 의심하기만 한다면 상황은 더욱 나빠질 거다. 리더는 주어진 여건 속에서 직원들의 역량을 찾아내야 한다. 직원들의 능력을 찾아내고 키우는 게 리더의 의무다.'

이게 단지 중소기업만의 문제이겠는가? 습관적으로 직원들의 능력을 의심하는 상사가 있는가 하면, 직원들의 능력을 찾아내기 위해 온갖 정성을 쏟는 사람도 있다.

D기업 이야기다. 매출이 늘어나면서 영업부 팀장 한 명을 외부에서 영입하고 팀을 두 개로 분리했다. 그 과정에서 실적 좋은 사람들을 새로 영입한 강 팀장에게 배정했다. 예전부터 팀을 이끌고 있던 변 팀장은 날벼락을 맞았다. 실적 좋은 직원들을 모두 강 팀장에게 인계하고 자신은 상대적으로 실적이 낮은 직원들로 팀을 꾸려야 했기 때문이다. 변 팀장은 임원에게 항의했지만 소용없었다.

임원이 말했다.

"변 팀장, 당신의 역량이 뛰어나다는 건 우리 모두가 아는 사실입니다. 하지만 새로 온 강 팀장은 회사 사정을 잘 모르니, 역량이 뛰어난 직원들과 함께 일할 수 있도록 해줍시다. 그러면 강 팀장도 좋은 실적을 낼 수 있을 거고, 변 팀장은 원래 잘하니까 실적이 다소 저조한 직원들을 더 잘 육성할 수 있을 테니, 회사 전체로 보면 일거양득 아니겠습니까?"

변 팀장은 고민에 빠졌다. 팀원들의 강점을 찾으려고 온갖 노력을 다했다. 몇 가지 질문을 만든 뒤 팀원들과 개별 면담을 했다.

- 지금까지 회사 생활을 하면서 자신이 성과를 잘 냈던 것은 무엇인가?
- 자신의 강점이 무엇인가?
- 팀장에게 무엇을 어필하고 싶은가?
- 더 잘하고 싶은 것은 무엇인가?
- 팀장이 무엇을 도와주면 되겠는가?

변 팀장은 직원들에 대한 호기심을 가지고 정성을 다해 면담했다. 그 과정에서 그동안 몰랐던 팀원들의 강점을 발견할 수 있었고 팀원들이 스스로 동기부여되는 덤까지 얻었다. 정확히 3개월이 지나면서 변 팀장은 강 팀장의 실적을 능가했다. 강 팀장은 실적이 역전되자 팀원들의 뒷담화를 하고 다녔다.

'우리 팀원들이 겉보기엔 유능한 것처럼 보이지만, 실제로는 그렇지 않다. 열정도 없고 태도도 불량하다. 나는 인복이 없다. 나는 사람 보는 눈이 없다. 팀을 잘못 꾸렸다. 내 눈을 내가 찔렀다.'

강 팀장의 이런 뒷담화는 돌고 돌아 팀원들뿐만 아니라 임원에게도 전해졌고, 강 팀장은 얼마 지나지 않아 회사를 그만뒀다.

"코칭이 안 통하는 사람이 있습니다."

코칭을 배운 사람들이 자주 하는 말이다. 코칭이란 상대방이 지금보다 더 잘할 수 있도록 돕는 것이다. 그런데 상대방이 지금보다 더 잘할 수 있다고 믿지 않는다면 어떻게 될까? 이럴 경우 코칭은 통하지 않는다. 코칭은 상대방이 지금보다 더 잘할 수 있다는 믿음이 있어야 비로소 작동하기 때문이다.

'저 친구는 안 돼! 저 친구는 발전 가능성이 없어! 저 친구는 코칭해도 달라질 게 없어!'

이렇게 생각하는 게 바로 코칭이 실패하는 가장 큰 이유다.

코칭이 안 통하는 사람이 있는 게 아니라, 상대방을 믿지 않는 코치가 있을 뿐이다.

L기업 엄 부장은 일을 아주 쉽게 한다. 다른 사람들보다 업무량도 많은데 별로 바빠 보이지 않는다. 오히려 여유 있어 보인다. 그럼에도 항상 목표를 달성한다. 비결이 무엇인지 물었다.

엄 부장의 대답은 이랬다.

"저는 직원들에 대한 호기심이 많습니다.

저 친구는 어떤 일을 할 때 보람을 느낄까?

저 친구는 어떤 일을 좋아할까?

저 친구는 어떤 일을 싫어할까?

저 친구의 장점은 뭘까?

이런 호기심을 가지고 직원들을 대합니다.

그렇게 하다 보면 직원들의 장단점을 잘 파악하게 되어 적재적소에 배치할 수 있습니다. 그러면 직원들은 자신의 역량을 마음껏 발휘합니다."

코칭을 잘하는 코치들도 고객에 대한 호기심이 많다.

'이 사람의 꿈은 뭘까?'

'이 사람은 어떤 공헌을 하고 싶어 할까?'

'이 사람은 어떤 유산을 남기고 싶어 할까?'

고객에 대한 호기심은 질문으로 이어진다.

"어떤 리더가 되고 싶은가요?"

코치의 질문은 생각을 자극한다.

"지금 하는 일을 통해 세상에 어떤 기여를 하고 싶은가요?"

코치의 질문은 때론 방향을 제시하기도 한다.

"지금 당장 할 수 있는 아주 작은 행동은 무엇인가요?"

코치의 질문은 행동을 이끌어내기도 한다.

고객에 대한 호기심은 질문으로 이어지고, 질문은 강점과 역량을 이끌어낸다. 호기심이야말로 강력한 코칭 비결이다.

불교에선 신해행증(信解行證)의 순서를 지켜야 깨달음을 얻을 수 있다고 한다. 신해행증이란 '믿고, 이해하고, 행동해서, 증명하는 것'이다. 이때 가장 중요한 건 믿음이다.

이때의 믿음은 부처님이 나를 구원해주리라는 걸 믿는 게 아니다. 부처님이 내 소원을 들어주리라는 걸 믿는 건 더더욱 아니다.

이때의 믿음은 '자신이 원래 부처'임을 믿는 것이다. 자신이 원래 부처의 성품을 가지고 있다는 사실을 믿는 것, 이게 바로 깨달음의 출발점이다. 이 관문을 통과하지 못하면 한 치도 깨달음으로 나아갈 수 없다.

'나 같은 중생이 어떻게 부처가 될 수 있어? 말도 안 돼!'

이게 바로 중생의 생각이다. 자신이 원래 부처임을 믿지 않고, 자신은 중생에 불과하다고 생각하는 것이다. 자신이 부처가 될 수 있다는 생각은 결코 하지 않는다. 그냥 자신은 중생이라 믿고 중생의 행동을 할 따름이다. 이게 깨달음의 가장 큰 장애물이다. 이런 생각으론 한 치도 깨달음의 길로 나아갈 수 없다.

'내가 지금은 비록 부처의 경지에 이르지 못했지만, 나는 원래 부처의 성품이 있어서 수행을 통해 부처가 될 수 있어. 나는 원래 부처야.'

이렇게 생각하는 게 부처의 생각이다. 이런 생각이 있어야 비로소 부처가 되기 위한 노력을 한다. 이런 이유로 불교에선 자신이 곧 부처임을 믿는 게 깨달음의 출발점이라고 강조하는 것이다.

학교에서도 그렇다. 자기는 결코 1등을 할 수 없다고 굳게 믿는 친구가 있었다. 이 친구는 공부를 열심히 하긴 했지만 학창 시절 내내 한 번도 1등을 하지 못했다. 자기는 1등이 될 수 없다 생각하고 거기에 맞게 공부했기 때문이다.

직장에서도 마찬가지다. 목표가 너무 많아서 결코 달성할 수 없다고 믿는 사람들은 당연히 목표를 달성하지 못한다. 반면에 목표가 아무리 많아도 열심히 노력하면 목표를 달성할 수 있다고 믿는 사람들이 있다. 이런 사람들은 목표를 달성한다.

깨달음! 성적! 성과! 이 모든 건 자신의 믿음 위에서 출발한다.

'자기가 믿는 만큼 이루어진다!'

'자기가 믿지 않는 만큼 이루어지지 않는다!'

믿어주면
믿을 만해진다

"믿을 만하니까 믿는다고? 그건 너무나 당연한 거다. 믿을 만한 데도 믿지 않는 게 오히려 비정상이다."

선배인 남관희 코치가 즐겨 하는 말이다. 사람들은 '믿어주면 믿을 만해진다'는 게 그의 주장이다. 그는 증권 회사 지점장 시절에 영업 실적이 매우 좋았다. 비결은 의외로 간단했다. 직원들이 목표를 달성할 거라고 굳게 믿는 것이다.

그는 말한다.

"직원들은 믿지 않으면 자기 능력을 발휘하지 못합니다. 직원들은 믿어주는 만큼만 능력을 발휘합니다. 그래서 직원들을 무조건 믿는 게 저의 비결입니다. 믿어준다는 건 가장 강력한 동기부여이고 격려입니다."

코칭을 하면서 사람들에게 물었다.

"어떤 사람을 믿고 따릅니까?"

대답은 한결같았다.

"나를 믿어주고, 기회를 주고, 기다려주는 사람입니다."

우리는 자신을 믿어주는 사람을 좋아한다. 그런데 어떤 사람을 믿는지 물어보면, 믿을 만한 사람을 믿는다는 대답이 돌아온다. 아이러니다. 자신은 믿어주는 사람을 좋아하면서 상대방에 대해선 믿을 만큼만 믿는다.

보성어패럴에 근무할 때 김 회장은 배신은 쌍방 과실이라는 말을 즐겨 했다. 직원들은 믿어주지 않으면 배신한다는 것이다. 그러니까 직원들의 배신에는 항상 상사의 불신이 선행한다는 거다. 또 김 회장은 믿음은 배신하지 않는다는 말도 자주 했다. 그는 직원들에 대한 무조건적인 신뢰가 조직 성과의 밑거름이 된다고 믿었다.

얼마 전 강의 시간에 직원들을 무조건 신뢰하는 게 성장의 전제 조건이라고 했더니 참가자 중 한 명이 강력하게 반발했다.

"그건 말도 안 되는 소립니다. 어떻게 직원들을 무조건 믿을 수 있습니까? 너무 위험합니다. 직원들에 대한 맹목적인 믿음이 오히려 조직을 망가뜨릴 수 있습니다."

이런 말을 하는 건 신뢰와 신용에 대한 오해 때문이다. 기시미 이치로는 《미움받을 용기》에서 이렇게 말했다.

"신용과 신뢰는 다르다. 신용에는 조건이 따르지만 신뢰는 무조건 믿는 것이다. 비록 신용할 수 있는 만큼의 객관적인 근거가 없더라도 무조건 믿는 것이 신뢰다."

그렇다. 신용에는 신용 불량자, 신용 1등급, 신용 2등급 같은 등급이 있지만 신뢰에는 등급이 없다. 신뢰는 무조건이다.

우리는 도둑놈이나 사기꾼들과 함께 일하는 게 아니다. 우리는 선한 동료들과 함께 일하고 있다. 우리가 매일 만나는 사람들은 지구 반대쪽에 있는, 이름도 모르고 얼굴도 모르는 그 누군가가 아니다. 우리가 만나는 사람들은 가족이나 동료, 친구, 친척들이다.

매일 만나는 사람들과의 관계가 모인 것이 인생이다. 우리는 아무 관계도 없는 사람들을 만나는 게 아니라, 우리의 인생을 이루고 있는 소중한 사람들을 만난다. 내 인생을 이루고 있는 주변 사람들의 의도를 의심하지 말자. 그들의 의도를 의심하며 색안경을 끼고 바라보는 순간, 그들이 도둑놈으로 보이기도 하고 사기꾼으로 보이기도 한다. 그 순간 자신의 삶은 도둑놈과 사기꾼들과 함께 살아가는 삶으로 변해버린다.

간디가 말했다.

"다른 사람의 의도를 의심하는 순간, 그의 모든 행동이 순수하게 보이지 않는다."

안타깝게도 우리는 자신에 대해서는 의도로 판단하고 타인에 대해서는 그들의 행동으로 판단하는 경향이 있다. 이중 잣대다. 내 의도가 순수한 것처럼 상대방의 의도 또한 순수하다고 믿는 게 신뢰의 관계를 만드는 관건이다.

상담하는 사람들끼리 자주 하는 말이 있다.

"문제아가 있는 게 아니라 문제 부모가 있을 뿐이다."

이른바 문제아들을 상담해보면 그 배경에는 반드시 문제 부모가 있다. 아이들은 부모가 자신을 믿어주지 않기 때문에, 부모의 관심과 믿음을 얻기 위해 문제 행동을 한다.

오래전에 지인의 부탁으로 고등학교 2학년 학생을 코칭한 적이 있다. 첫 만남에 그 학생은 어머니와 함께 왔다. 어머니가 가고 난 후에 코칭을 시작했다. 어떤 것을 코칭받고 싶은지 물었다. 충격적인 대답이 돌아왔다.

"엄마 아빠가 모두 죽었으면 좋겠어요."

경악을 금치 못했다. 아버지는 사업가이고, 어머니는 고위 공직자였다. 숨을 가다듬고 말을 이어갔다.

"부모님에게 화가 많이 난 모양이구나!"

코칭은 한 시간 넘게 이어졌다. 결론은 이랬다.

'자신은 잘할 수 있는데 자기를 믿어주지 않는 부모 때문에 너무 화가 난다는 거였다. 자신이 좋은 의도를 가지고 뭔가를 시도하려 하면 지나간 실패를 들춰내면서 쓸데없는 짓 하지 말고 공부나 하라고 면박을 준다는 거였다. 자기를 믿어주지 않고 불신하는 부모 때문에 엇나간 행동을 하게 됐다고 했다.'

아이의 허락을 받고 나서 어머니에게 이 사실을 알렸다. 어머니는 무척 가슴 아파했다.

가슴에 손을 얹고 생각해보자.

'과연 우리는 자녀들을 얼마나 믿는가?'

'정말 아이들이 순수하다고 믿는가?'

'아이들이 스스로 잘할 수 있다고 믿는가?'

'아이들은 부모가 믿어주는 만큼만 자란다는 사실을 믿는가?'

코칭 방법을 배운 리더들은 현장에 돌아가 부하 직원들을 코칭한다. 이때 많이 질문하는 게 있다.

"코칭이 통하지 않는 사람이 있습니다. 이런 사람들은 어떻게 코칭해야 합니까?"

코칭이 통하지 않는 이유를 살펴봤더니 가장 근본적인 이유가 직원에 대한 불신이었다. 그들은 내심 직원들의 가능성을 믿지 않았다. 직원들의 가능성을 믿지도 않으면서 코칭을 했다. 코칭을 받는 직원이 지금보다 더 잘할 수 있다고 믿지 않으면서 코칭하면 반드시 실패하게 되어 있다. 더 심하게 말하면 직원들이 더 잘할 수 있다는 걸 믿지도 않으면서 입으로만 코칭하는 건 직원들에 대한 기만이다. 코칭은 코칭받는 사람이 지금보다 더 스스로 잘할 수 있다는 믿음 위에서 출발한다. 지금보다 더 잘할 수 있다고 믿기 때문에 코칭하는 것이다. 상대방이 지금보다 더 잘할 수 있다고 믿지도 않으면서 코칭하는 건 직원들에 대한 배신이다.

리더들에게 묻는다.

"직원들이 지금보다 얼마나 더 잘할 수 있다고 믿습니까?"

직업 특성상 여러 기관을 방문하는데, 보안 시설과 보안 절차가 철저하다. 최첨단 장비를 통해 개미 새끼 한 마리도 마음대로 출입할 수 없도록 통제한다. 대단한 기술력이다. 그러나 씁쓸한 생각이 없지 않다. 이런 천문학적 숫자의 비용이 사실은 불신의 비용이기 때문이다. 높은 신뢰에는 배당이 따르고 낮은 신뢰에는 세금이 부과되듯이 인간관계나 직장 생활 모든 곳에서 신뢰와 불신의 차이는 천당과 지옥의 차이와 같다. 신뢰가 있는 곳엔 편안함과 자유로움이 있지만, 불신이 팽배한 곳에는 고통과 통제가 있다.

로버트 쇼가 말했다.

"조직의 성공은 두 가지를 요구한다. 승리하는 전략과 우수한 실행력이다. 이때 불신은 전략과 실행력의 치명적인 장애물이다."

스티븐 M. R. 코비가 말했다.

"다른 사람을 신뢰하는 건 위험하다. 그러나 신뢰하지 않는 건 더 위험하다."

그래도 믿을 건
사람밖에 없다

"직원들이 회의 시간에 말을 하지 않습니다. 정말 답답합니다. 어떻게 하면 직원들이 적극적으로 말하게 할 수 있을까요?"

코칭을 하면서 많이 받는 질문이다.

직원들이 말하지 않을 땐 이유가 있다. 말을 하면 면박을 주기 때문이다. '어떻게 그것도 몰라? 당신은 항상 부정적이야! 생각 좀 하고 말합시다!' 등의 비난이 돌아온다. 이럴 경우 직원들은 말하지 않는다. 보호 본능이 작동한다. 아무 말도 하지 않는 게 자신을 보호하는 현명한 대처 방법이라는 걸 몸으로 터득한다. 답답하다고 상사가 면박을 주어도 혼자가 아니기 때문에 안전하다고 여긴다.

둘째, 어떤 의견을 제안하면 덤터기를 쓰기 때문이다.

"그 아이디어 좋은 것 같은데, 당신이 한번 해보지……."

새로운 아이디어를 낸 사람에게 곧바로 그 일이 주어진다. 직원들은 바보가 아니므로 이쯤 되면 입을 다물 수밖에 없다.

리더들에게 직원들이 왜 말해야 하는지 물으면 한결같은 대답이 돌아온다.

"그래야 직원들이 어떤 생각을 하고 있는지 알 수 있고, 새로운 아이디어를 얻을 수도 있지 않습니까?"

그토록 직원들의 이야기를 듣고 싶다면 말할 수 있는 안전한 공간을 만들어줘야 한다. 어떤 말을 해도 면박 주지 않고, 덤터기를 씌우지 않을 때 직원들은 비로소 말한다. 더 나아가 직원들의 의견에 존중을 표시하면 금상첨화다.

"그 아이디어 참 좋은데…… 그렇게 생각할 수도 있구나! 평소에 생각 많이 했네!"

그림자 코칭을 한 적이 있다. 그림자 코칭은 아무런 의견을 개진하지 않고 회의를 참관한 후 나중에 그에 대한 피드백을 주는 코칭 방식이다. 회의를 주관하는 임원은 차분하고 침착했다. 언성을 높이지도 않았다. 그런데 회의는 시종일관 긴장 속에서 진행됐다. 마치 심문을 방불케 했다.

"그건 왜 그렇게 되었습니까? 그건 어떻게 할 겁니까? 그렇게 하면 안 됩니다."

발표하는 직원은 식은땀을 흘렸다. 회의를 진행하는 임원의 말이 틀린 건 아닌데 직원들은 매우 힘들어했다. 그림자 코칭을 마친 후에 곰곰이 생각했다.

'왜 이런 분위기가 만들어졌을까?'

임원에게 피드백했다.

"상무님은 회의를 진행할 때 사람은 보지 않고 오직 문제만 보는 것 같았습니다."

임원은 당황했다.

"제가 사람은 보지 않고, 문제만 본다고요?"

피드백 내용은 이랬다.

'문제가 발생하면 원인을 파악하고 해결책을 찾는 게 당연하다. 하지만 그 과정에서 사람을 궁지로 몰아가면 곤란하다. 그 업무를 실제로 수행할 사람은 결국 직원들이다. 그들을 추궁하는 건 의욕을 저하시키고 실행력을 떨어뜨릴 뿐이다. 그런 문제가 발생하게 된 상황을 충분히 이해해주고, 어떻게 수습할 것인지, 직원들의 의견을 충분히 들은 후에 지시하거나 명령하는 게 좋다.'

한마디로 '말하는 순서를 바꾸라'는 게 피드백의 요지였다.

직원들이 어떤 좋은 의도를 가지고 있었는지 충분히 들어준 다음에 지시를 내리거나 명령해야 제대로 통한다. 좋은 의도를 알아주는 게 먼저다. 순서가 중요하다. 그래야 직원들의 마음을 얻을 수 있다.

부하 직원의 일 처리에 화가 난다면 호흡을 멈추고 생각해보자.

'저 친구의 좋은 의도는 뭘까?'

좋은 의도라······? 아무런 생각이 나지 않을 수도 있다. 하지만 호흡을 멈추고 생각하는 짧은 순간을 통해 화를 내거나 짜증을 내는 사고는 막을 수 있다. 정상적인 직원이라면 자신의 좋은 의도를 알아주려고 노력하는 상사에게 기분 나빠 하지는 않을 것이다.

말도 안 되는 변명을 늘어놓는 직원들을 어떻게 대해야 하는지에 대해 코칭한 적이 있다. 여러 방법들이 논의되었지만 결론은 충분히 들어줘야 한다는 거였다. 결국 그 일을 실행할 사람은 그 직원인데 미리 사기를 꺾어버리면 좋을 게 없고, 충분히 이야기를 들어주지 않으면 나중에 또 변명할 것이기 때문이다. 그러면 변명만 듣고 말 것인가? 그건 아니다. 우리가 찾아낸 방법이 있다. 충분히 듣고 난 후에 그 직원에게 되묻는 것이다.

"당신의 원래 좋은 의도가 뭔데? 그래서 당신은 어떻게 할 건데?"

충분히 들어준 후에 상대방의 좋은 의도를 알아주고 구체적인 행동을 이끌어내야 한다는 게 코칭의 결론이었다.

어떻게 하면 직원들에게 동기를 부여할 수 있는지 묻는 사람들이 많다. 엄밀히 말하면 이 말은 옳은 말이 아니다. 누군가가 다른 사람에게 동기를 부여할 수는 없다. 사람들은 이미 자신의 의도와 욕구에 알맞게 최적화되어 있다. 그에 따라 행동할 뿐이다. 다만, 그게 조직의 방향과 일치하지 않을 뿐이다.

부하 직원들에게 동기를 부여하려고 노력하는 대신 그들의 좋은 의도를 알아주자. 그게 훨씬 더 남는 장사다. 좋은 의도를 알아주는 건 상대방을 내 마음대로 조종하려 하는 게 아니기 때문에 충돌이 생기지 않는다. 자신을 마음대로 움직이려 하기보다 자신의 의도를 알아주면 존중받는다고 생각해 오히려 헌신할 마음이 생긴다.

믿고 맡길 만한 사람이 없다는 말을 입에 달고 사는 중소기업 박 사장을 만난 적이 있다. 박 사장은 모든 걸 자신이 직접 처리해야 직성이 풀렸다. 그러다 보니 직원들은 누구 하나 앞장서서 아이디어를 내는 사람이 없었다. 직원들은 그냥 시키는 일만 했다. 박 사장의 별명은 박 대리다. 답답하다. 박 사장에게 진심으로 해주고 싶은 말이 있다.

"그래도 믿을 건 사람밖에 없다."

"그래도 결국 일은 사람이 한다."

김춘수의 〈꽃〉이라는 시가 생각난다.

"내가 그의 이름을 불러주기 전에는 그는 다만 하나의 몸짓에 지나지 않았다. 내가 그의 이름을 불러주었을 때 그는 나에게로 와서 꽃이 되었다."

제3장

함께 만드는
세상

수다는 능력이다

　모처럼 유쾌한 시간이었다. 40대 중반의 여성 두 명과 함께 점심을 했다. 네 시간이 훌쩍 지났다. 하나도 지루하지 않았다. 오히려 즐겁고 재밌었다. 수다를 떨면서 이렇게 행복감을 느낄 수 있다는 데 새삼 놀랐다. 그중 한 명이 말했다.

　"함께 수다를 떨 수 있는 사람이 있다는 건 행복입니다. 몇 시간 동안 수다를 떨고 나면 온갖 피로가 풀리고 머리가 상쾌해집니다. 이런 게 바로 일상의 행복이죠."

　그랬다. 나도 모처럼 대화하면서 행복감을 느꼈다.

　사람들이 소통이 뭔지 자주 묻는다.

　"소통은 소〔牛〕하고도 통하는 겁니다"라고 말하면 사람들은 박장

대소한다.

"그래, 맞아! 소통은 소(牛)하고도 잘 통하는 거지…… 우리 모두 소가 됩시다! 하하하~~~."

소통을 잘하는 사람들은 수다를 잘 떤다. 그들은 뚜렷한 특징이 있다. 그들은 시시비비를 가리지 않는다.

어느 날 딸이 거실에서 통화하고 있었다. 딸은 '진짜~? 와~! 대박~!! 헐~!!!' 이 네 마디를 반복하며 무려 30분 동안 대화를 이어갔다. 단지 이 네 마디만으로 그렇게 오랫동안 대화할 수 있다니…… 정말 신기했다. 잘 생각해보면, 이 네 마디는 오롯이 공감의 언어다. 자신의 기준으로 상대방을 판단하거나 평가하지 않고 상대방의 말을 있는 그대로 받아들이는 거다. 이게 바로 수다의 비결이다.

시도 때도 없이 충고하는 친구가 있다.

이 친구의 첫마디는 '그게 아니지!'다.

누가 어떤 말을 하든 이 친구는 일단 '그게 아니지!'라는 말부터 한다. 주변 사람들은 이 친구를 별로 좋아하지 않는다. 입만 열면 자기 말을 틀렸다고 하는데 누가 좋아하겠는가?

만약 주변 사람들에게 첫마디를 무조건 '그게 아니지!'라는 말로 시작한다면 어떻게 될까? 아마 3일도 지나지 않아 주변 사람들이 온통 적(敵)으로 변할 것이다.

반대로 첫마디를 언제나 '진짜……? 그럴 수도 있겠다…… 그렇게 생각할 수도 있구나……'로 시작한다면 어떻게 될까?

D그룹 차 상무 이야기다. 회사 생활 1년이 된 딸을 축하하기 위해 가족들이 함께 저녁 식사를 했다. 딸이 말했다.

"아빠, 우리 팀장 이상한 사람이야. 나에겐 허드렛일만 시키고 불필요한 야근을 밥 먹듯이 하라고 하질 않나, 심지어 내가 한 일을 자기가 한 것처럼 가로채가기도 해요."

아빠가 무심코 말했다.

"그럴 리 있나? 네가 뭘 잘못했겠지. 너희 회사 팀장이 되려면 실력과 인품이 상당해야 할 텐데, 그 사람이 그러는 데는 분명 이유가 있을 거야. 네가 오해한 게 틀림없어."

딸은 울면서 큰 소리로 말했다.

"아빠는 잘 알지도 못하면서 그래…… 엉엉엉…… 우리 팀장보다 아빠가 더 나빠!"

차 상무는 이 사건을 통해 알게 됐다고 했다.

"부탁받지 않은 조언과 충고는 비난입니다. 저는 딸을 통해 이 말을 절감했습니다."

그렇다. 부탁받지 않은 조언과 충고는 비난이다. 조언과 충고의 밑바닥에는 내가 너보다 더 잘났다는 생각이 깔려 있다. 그러므로 조언과 충고는 네 생각은 틀렸다는 말과 같은 뜻이다. 우리는 일상에서 무심코 조언을 하거나 충고를 한다. 조언과 충고는 관계를 망치고 소통의 걸림돌이 된다는 걸 잘 모르기 때문이다.

반면에 수다를 잘 떠는 사람들은 상대방을 평가하거나, 판단하거나, 조언하거나, 충고하지 않는다. 시시비비를 가리지 않는다. 있는 그대로 주고받을 뿐이다. 그들은 '그랬구나! 힘들었겠다! 좋았겠다! 신났겠다! 화났겠다!'라는 말을 입에 달고 산다.

또 수다를 잘 떠는 사람들은 잘 웃는다.

경주에 강의하러 갔을 때다.

수강생들은 모두 교육 전문가들이었다. 전문가들을 대상으로 강의를 하는 건 부담이다. 그러나 반대의 측면도 있다. 그들은 잘 듣는다. 그리고 리액션을 잘한다. 항상 웃는다. 강의 준비만 잘되어 있으면 전문가들을 대상으로 하는 강의가 더 즐겁다.

그런데 이번 강의엔 유독 눈에 띄는 사람이 있었다. 그 사람은 시종일관 화가 난 얼굴이었다.

'나하곤 처음 만난 사이니까, 나에게 화난 건 아닐 테고…… 뭔가 기분 나쁜 일이 있겠거니' 하고 생각했다.

그런데 쉬는 시간에 대화하는 걸 들어보니 그 사람은 습관적으로 상대방의 말에 시시비비를 따지고 잘난 체했다. 표정은 심각하게 찡그린 모습이었고 화난 얼굴이었다. 동료들은 그 사람을 피했다. 그 사람은 자기 생각만 옳고 다른 사람의 생각은 언제나 틀렸다고 말했다. 그리고 언제나 화난 얼굴이었다.

그 사람이 살고 있는 세상은 '화난 세상'이었다.

코칭을 하면서 만난 유 전무는 직원들이 자기 방에 들어올 때, 반드시 웃으면서 들어오라고 주문한다.

"제 방은 스마일 룸입니다. 문밖에서부터 웃으면서 들어와야 합니다. 스마일 라인을 넘어오세요."

자신의 이런 조그만 노력들이 긴장을 풀어주고 분위기도 좋게 만든다고 했다.

그가 말했다.

"상사의 얼굴은 직원에 대한 서비스입니다. 상사가 얼굴을 찡그리고 있으면 직원들은 불안해합니다. 이런 상사는 존재 자체로 민폐입니다. 그래서 저는 매일 아침 거울을 보면서 웃는 연습을 합니다. 저는 신입 사원 때부터 20년 넘게 웃는 연습을 했습니다."

유 전무는 잘생긴 얼굴이 아니지만 인자하고 온화하다. 그래서 직원들은 유 전무를 부담스럽지(?) 않은 얼굴이라고 말한다.

수다를 잘 떠는 사람들은 웃기도 잘한다. 별로 웃기지 않는 이야기도 '하하~~ 호호~~ 깔깔깔~~' 하면서 반응한다. 심각한 내용도 없고 시비할 내용도 없다. 그냥 생각나는 대로 주고받는다. 그들의 대화는 내용이 중요한 게 아니다. 그냥 존재로서 대화할 뿐이다. 사람을 좋아하기 때문에 그냥 사람을 받아들일 뿐이다.

출근하면서 만나는 동료들에게 건성으로 인사하고 하루 종일 옆자리 동료와 말 한마디 섞지 않고 투명인간처럼 하루를 살아가는 사람들이 있다. 이들은 수다를 떨 줄 모를 뿐만 아니라, 수다를 떠는 건 시간 낭비라고 생각한다. 직장에선 시비를 가려야 하고, 잘난 모습을 보여야 한다고 생각한다. 그들은 근엄한 표정으로 무장하고, 시비를 가리고, 잘난 체해야 하기 때문에 항상 피곤하다. 그래서 술자리를 자주 갖는다. 술자리에선 시비를 가릴 필요도 없고 잘난 모습을 보여야 할 이유도 없기 때문이다. 그냥 말하고, 그냥 듣는다. 그리고 박장대소한다. 그들은 술자리를 통해 피로를 푼다. 그들이 술자리에서 나누는 대화가 바로 '수다'다.

아이러니하게도 그토록 무시하고 비하하던 수다를 떨기 위해 그들은 별도의 시간을 내고 돈을 지불하는 것이다. 그러므로 술자리를 빌리지 않고 일상에서 수다를 잘 떨 수 있는 건 대단한 능력이다. 시간과 돈을 절약할 뿐만 아니라 일상에서 쉽게 행복을 느낄 수 있기 때문이다.

수다는 결코 하찮은 게 아니다. 수다는 일상의 행복이다. 수다를 떨 줄 아는 건 대단한 능력이다.

'어떤가? 당신은 함께 수다를 떨 사람이 있는가?'

'당신은 수다를 잘 떨 줄 아는 능력이 있는가?'

뒷담화는
자신의 그림자

다른 사람의 뒷담화를 즐겨 하는 후배가 있다. 이 친구가 다른 사람 칭찬하는 걸 본 적이 없다. 항상 다른 사람의 험담을 했다. 그 대상은 다양했다. 자신의 아버지, 매형, 친구, 지도 교수 등……주변의 거의 모든 사람들에 대한 불평불만을 쏟아냈다. 광주에 강의하러 갔다가 돌아오는 길에 송정리역에서 우연히 그 후배를 만났다. 이런 인연이 있나……! 우린 신이 났다. 함께 KTX를 탔다. 나는 곧 후회했다. 광주에서 서울로 오는 내내 후배는 다른 사람들 험담을 했다. 질렸다. 버럭 겁이 났다. 내 험담도 마구 하고 다닐 것만 같았다.

이렇게 심한 경우를 제외하면 가벼운 뒷담화는 직장인의 소소한 즐거움 중 하나다. 동료나 후배에 대한 불평불만을 면전에서는 차마 못해도 그 사람이 없는 자리에선 속 시원하게 털어놓을 수 있다. 상대방이 맞장구를 쳐주면 더 신난다. 상사에 대한 뒷담화는 짜릿하다. 술자리에서 상사의 뒷담화가 빠진다면 무슨 맛으로 술을 마시랴? 뒷담화가 있어 직장인들은 우울증에 걸리지도 않고 스트레스를 해소할 수 있는지도 모른다.

동료와 갈등이 있었던 날 저녁에 소주잔을 기울이며 늘어놓는 뒷담화는 피로회복제와 같다. 상사에게 억울하게 혼난 날 저녁에, 상사를 안주로 하는 뒷담화가 없다면 이 팍팍한 직장 생활을 어떻게 버틸 수 있겠는가? 실제로 직장에서의 뒷담화는 필요악(?)과 같은 것이다. 다음 날 아침에는 어제의 나쁜 감정을 훌훌 털어버리고(?) 새로운 기분으로 일할 수 있다.

그런데 이 뒷담화라는 게 묘한 구석이 있다. 신나게 뒷담화를 하고 나면 속이 시원해지기도 하지만 한편으론 왠지 찜찜한 기분이 든다. '혹시 이 말이 그 사람에게 전해지지 않을까?' 하는 불안감이 살짝 생기기도 하고, 상대방이 나를 불평불만을 일삼는 사람으로 오해할까 염려되기도 한다.

'왜 이런 감정이 생기는 걸까?'

그건 뒷담화가 지닌 네 가지 속성 때문이다.

첫째, 뒷담화는 자신의 그림자다.

심리학에 의하면, 우리는 자신이 가진 여러 가지 모습 중에서 자신이 좋아하는 모습만 자기의 정체성으로 인정하고 자신이 싫어하는 모습은 자기가 아니라고 부정한다고 한다. 이렇게 부정된 자기의 모습을 일컬어 '그림자'라고 부른다.

우리는 이 그림자를 자기가 아니라고 생각하면서 살아간다. 그러다가 다른 사람의 모습에서 '스스로 부정된 자기의 모습, 즉 자신의 그림자'가 발견되면 그걸 포착하고 비난한다. 이를 일컬어 '투사'한다고 한다.

뒷담화도 마찬가지다. 자신의 여러 모습 중에서 자기가 싫어하는, 자신의 부정된 모습을 다른 사람에게서 발견했을 때 이걸 붙잡고 시비하는 게 바로 뒷담화다.

뒷담화의 내용이 상대방에게 실제로 있는지 없는지는 문제 되지 않는다. 상대방에게서 보이는 허물은 곧 자신의 허물이라는 말이 있듯이, 뒷담화는 오직 자신이 싫어하는 모습의 투사일 뿐이다. 그러므로 뒷담화를 하는 건 자기 그림자를 붙잡고 시비를 거는 것과 같다.

둘째, 뒷담화는 자신의 무의식에 저장된다.

신경 언어 프로그래밍(Neuro-Linguistic Programing) 이론에 의하면, 말은 그냥 없어지지 않는다. 무의식에 씨앗으로 저장되어 더욱 강화된다. 이를 불교에서는 '현행훈종자(現行熏種子)'라고 한다. 현재 자신이 하는 말(現行)은 모두 씨앗(種子)이 되어 무의식에 저장된다는 뜻이다. 뒷담화는 그냥 없어지는 게 아니라 무의식에 저장되어 자신의 부정적인 모습을 더욱 강화시킨다.

셋째, 뒷담화는 다른 사람에게 자신을 부정적인 사람으로 각인시킨다.

상대방은 내 말을 통해 나를 기억한다. 그러므로 내가 하는 말은 곧 나의 이미지가 된다.

상대방에게 화를 많이 냈는가? 그렇다면 당신은 화를 잘 내는 사람으로 기억될 것이다.

뒷담화를 많이 했는가? 당신은 뒷담화를 많이 하는 사람으로 기억될 것이다.

상대방이 나를 어떻게 기억하고 있는지 궁금하다면 이제까지 내가 상대방에게 어떤 말을 했는지를 생각해보면 된다.

대부분의 직장이 상하좌우 동료들끼리 서로 상대방을 평가하는 360도 평가 방식을 채택하고 있다. 이때 자신이 그동안 해왔던 말은 평가에 그대로 직결된다.

'남의 험담을 많이 하는 사람', '부정적인 사람', '불평불만을 일삼는 사람'…….

이런 평가는 모두 그동안 자신이 했던 말의 결과다. 공식 석상에서 이런 말을 했겠는가? 이런 말은 주로 뒷담화를 통해서 한다. 아이러니하게도 같이 웃고 즐겼던 뒷담화가 자신의 이미지가 되고 자기 평가로 연결된다. 결국 뒷담화는 자신의 승진과 연봉을 결정짓는 중요한 변수가 된다. 뒷담화가 자신의 발목을 잡는다.

넷째, 뒷담화는 부메랑이 되어 돌아온다.

자신이 한 뒷담화는 언젠가 자신에게 고스란히 되돌아온다. 그것도 복리의 이자까지 붙어서.

L기업 백 부장 이야기다. 백 부장은 자신의 상사인 상무에게 지시를 받고 오거나 회의에 갔다 오면 언제나 상무에 대한 불평불만을 늘어놓았다.

"이번 마케팅 계획은 말도 안 돼! 경쟁사들이 이미 실행했던 거고, 아무 전략도 없어."

"상무님은 현장을 알기나 하고 이래라저래라 하는 거야? 현장엔 한 번도 가지도 않으면서 말이야!"

백 부장은 상무의 지시 사항에 대해 그냥 넘어가는 법이 없었다. 술자리에서, 담배를 피우면서, 심지어 사무실에서도 백 부장의 불평불만은 계속 이어졌다. 이런 백 부장의 행동이 상무에게 전해지지 않았을까? 어림없는 소리다. 낮말은 새가 듣고 밤말은 쥐가 듣는다. 백 부장의 뒷담화는 돌고 도는 과정에서 훨씬 더 부풀려져서 상무에게 전해졌다. 결국 백 부장은 지방으로 전보 발령을 받았고 몇 해 지나지 않아 회사를 그만뒀다. 이렇게 뒷담화는 돌고 돌아서, 더 부풀려져서, 언젠가는 당사자에게 고스란히 전해진다는 걸 우리는 너무 잘 알고 있다.

뒷담화가 이런 심각한 문제를 안고 있고, 자신에게 치명적인 결과를 가져온다는 걸 우리는 너무나 잘 알고 있다. 그런데도 왜 우리는 뒷담화를 멈추지 못하는 걸까?

요행을 바라는 심리 때문이다. 내가 하는 뒷담화는 당사자에게 절대 전해지지 않을 것으로 믿는다. 사행 심리다. 뒷담화는 반드시 당사자에게 전해지게 되어 있다. 시간문제일 뿐이다. 또 자신이 하는 뒷담화는 건전한 것으로 생각한다. 남이 하면 불륜, 내가 하면 로맨스라는 것과 같은 심리다.

자신이 하는 말은 뒷담화가 아니라 사실이고 진실일 뿐만 아니라 그 사람이 꼭 알아야 할 개선 포인트라고 생각한다. 명심하자. 당사자가 직접 받아야 할 피드백을 다른 사람에게 전하는 것이 바로 뒷담화다.

그럼에도 불구하고, 뒷담화를 하지 않고는 도저히 참을 수 없을 땐 어떻게 해야 할까……?

룬드벡코리아에 근무하고 있는 정신과 의사인 이혜원 상무는 말한다.

"뒷담화를 하고 싶은가? 혀를 깨물어라! 혀를 깨물고 참아라!"

말귀를
못 알아듣는 사람

D기업을 방문했을 때다. 전무와 부장이 대화를 나누고 있었다. 전무가 말했다.

"김 부장, 내 말 무슨 말인지 알겠지?"

부장이 대답했다.

"예. 무슨 말씀인지 알겠습니다."

나중에 확인해보니 전무와 부장은 이 '무슨 말'을 서로 다르게 이해하고 있었다. 직장에서 이런 일은 비일비재하다.

CEO 때의 일이다. 회의 때 합의한 사안에 대해 간부들이 자기 부서로 돌아가 서로 다르게 전달하는 걸 자주 목격했다. 그럴 때마다 화가 났다.

'내가 영어로 이야기했나? 사람들이 도대체 왜 저래? 왜 저렇게 말귀를 못 알아듣는 거야?'

사실은 그들이 말귀를 못 알아들은 게 아니다. 다만 그들의 입장에서 알아들었을 뿐이다. 그때 나는 상대방이 어떻게 받아들이는지는 아랑곳하지 않고, 어떻게 하면 상대방에게 내 뜻을 잘 전달할 수 있는지에만 초점을 맞추었다. 내가 아무리 잘 전달해도, 상대방은 자신의 입장에서 받아들일 수밖에 없다는 걸 몰랐다.

지위가 높을수록 이런 실수를 자주 범한다. 자신이 정확히 말하기만 하면 부하들은 자신의 뜻을 그대로 받아들일 거라고 생각하는 거다. 하지만 그런 일은 없다.

자기 깜냥대로 듣는다는 말이 있다. 자기 수준과 입장에서 해석하고 이해하는 걸 빗대어 하는 말이다. '깜냥'이라는 말을 '필터'라는 말로 바꿀 수 있다. 이 '필터'에는 그 사람의 지식과 경험, 수준, 사람됨, 인격, 가치관, 신념, 의도, 입장 등 자신의 삶을 통해 받아들인 모든 게 축적되어 있다. 저마다 이렇게 축적된 자신의 필터를 통해 세상을 받아들인다. 이때 필터가 서로 다르면 같은 말을 듣고도 서로 다른 해석을 할 수밖에 없다.

결혼한 아들이 요리를 하고 설거지를 하며 온갖 집안일을 도맡아 하면 엄마의 입장에서는 기분이 몹시 상한다고 한다.

'사내 녀석이 칠칠맞지 못하게······.'

반대로 사위가 그렇게 하면 무척 흡족해한다고 한다.

'우리 사위가 제일이야! 우리 딸이 정말 결혼 잘했어…….'

아들이 설거지하면 칠칠맞지 못하고, 사위가 설거지하면 최고의 사위가 된다. 입장이 다르기 때문이다. 이렇듯 입장이 다르면 똑같은 행위에 대해서도 서로 다르게 해석할 수밖에 없다. 이게 바로 소통을 어렵게 만드는 근본적 이유다.

사장은 사장의 입장에서 받아들이고, 부장은 부장의 입장에서 받아들이고, 사원은 사원의 입장에서 받아들이기 때문에 같은 말을 하면서도 서로 다른 해석을 할 수밖에 없는 것이다. 그런데 우리는 이런 원리를 간과한다. 그러곤 불통의 책임을 상대방에게 전가한다.

'저 사람, 왜 저래? 저 사람은 왜 그렇게 말귀를 못 알아들어? 저 사람, 먹통 아니야……?'

내가 어떤 말을 하더라도 상대방과 입장이 다르면 서로 다른 해석을 할 수밖에 없다는 걸 이해하는 게 소통의 출발점이다. 그런데 현실은 어떤가? 내가 정확히 설명하면 상대방도 똑같이 받아들일 거라고 생각하지 않는가? 불통의 원인이다.

소통은 내가 얼마나 정확히 설명했는지도 중요하지만 상대방이 어떻게 받아들였는지가 더 중요하다. 소통에는 언제나 상대방이 있기 때문이다.

내가 정확히 말한 것은 그저 '전달'에 불과하다. 내가 아무리 정확히 전달해도 상대방이 다르게 알아들으면 무용지물이다. 상대방이 정확히 받아들일 때 비로소 소통이 일어나는 것이다. 소통의 사전적 의미는 '서로 뜻이 통하여 오해가 없는 것'이다. 일방적으로 전달하는 데 그치는 게 아니라, 서로 뜻이 통하고 오해가 없어야 비로소 소통이 이루어졌다고 말하는 것이다.

그렇다면 이렇게 어려운 소통을 꼭 해야 하는가? 소통이 정말 그렇게 중요한가? 그렇다. 직장에서의 모든 일은 소통을 통해 이루어진다. 일의 목적과 방향을 함께 정하고, 일을 추진하는 방법을 합의하고, 각자의 역할과 책임을 정하는 방식으로 일을 진행한다. 이 과정에서 소통은 절대적 수단이다.

함께 합의한 목표와 추진 방법을 서로 다르게 이해한다면 낭패다. 목표를 잘못 이해했다면 서로 다른 길로 갈 것이고, 추진 방법을 오해했다면 서로 엉뚱한 일을 하게 될 것이다. 일을 하면서 서로 엇박자가 나고 오해하고 불신하게 된다. 현실에서는 이런 일이 다반사다.

왜 이런 현상이 일어날까? 다음과 같은 오해 때문이다.

자신이 정확히 설명하면 상대방도 정확하게 이해할 것이라고 믿는다. 그래서 자신의 생각을 정확히 설명하는 데 모든 노력을 기울인다. 그러나 내가 아무리 정확히 설명한다 해도, 상대방은 자신의 필터를 통해 모든 것을 해석하고 이해한다. 그런데 이 필터는 사람마다 다르다. 필터가 다르면 같은 사안에 대해서도 서로 다르게 받아들일 수밖에 없다. 조금만 입장이 달라도 전혀 다른 해석을 할 수밖에 없는 것이다. 이게 바로 소통이 어려운 본질적 이유다.

소통은 결코 쉬운 게 아니다. 소통은 어렵다. 그렇다면 소통은 불가능한 것인가? 그렇지는 않다. 다음 두 가지만 잘 지키면 최악의 불통은 면할 수 있다.

첫째, 소통에는 언제나 상대방이 있다는 것을 잊지 않는다. 상대방은 자신의 필터로 이해하기 때문에 내가 전달한 내용을 다르게 이해했을 수도 있으므로 상대방이 어떻게 이해했는지를 확인한다. "당신은 어떻게 이해했습니까?" 하고 묻는다.

둘째, 내가 이해한 것도 상대방과 다르게 이해했을 수 있으므로 내가 들은 것도 상대방에게 확인한다. "나는 이렇게 이해했습니다. 제가 이해한 것이 맞나요?"

B기업 김 전무 이야기다. 김 전무는 성과도 좋고 직원들의 평판도 좋았다. 비결을 물었다. 김 전무가 말했다.

"소통에 많은 시간을 할애하는 것이 저의 비결입니다."

김 전무가 말하는 소통 방식은 이렇다.

"저는 가급적이면 많은 사람들이 참석하는 회의를 하지 않습니다. 회의에서 도출한 합의 사항에 대해 각자 부서로 돌아가면 서로 다르게 해석하는 걸 많이 봤기 때문입니다. 그래서 시간 낭비를 없애기 위해 가급적이면 소수의 이해 당사자들과 이야기하는 걸 선호합니다. 직원들은 불필요한 회의 때문에 시간을 뺏기지 않고 자신들의 업무에 몰입할 수 있습니다. 그리고 회의를 마무리하면서 합

의된 사항에 대해 각자 어떻게 이해했는지 발표하게 합니다. 이때
가 소통의 오류를 방지할 수 있는 귀중한 시간입니다."

소통을 잘하는 사람들은 이 점을 잊지 않는다.

'소통은 일방적인 전달이 아니다. 자신의 말은 언제든 상대방에
게 오해받을 수 있고 자신도 상대방의 말을 언제든 오해할 수 있다.
그러므로 일방적으로 말하거나 일방적으로 듣지 말고, 서로 어떻게
알아들었는지 생각의 차이를 확인해야 한다.'

말귀를 못 알아듣는 사람은 없다. 다만 자신의 필터를 통해 다르
게 알아들었을 뿐이다.

부탁받지 않은 조언은 비난이다

아재 개그가 유행이다. 다소 썰렁하지만 웃을 수 있는 기회가 생겨서 좋다. 지난번 모임 때 들은 아재 개그가 생각난다. 공처가가 성공하는 이유를 알아맞히는 것이었는데, 답은 썰렁했다.

첫째, 공처가에겐 직장 생활이 집보다 더 쉽다.

둘째, 공처가는 듣는 훈련이 잘되어 있다. 그래서 성공할 수밖에 없다.

가만히 생각해보면 썰렁하다고 치부하고 넘어가기엔 그 안에 담겨 있는 의미가 만만치 않다.

글로벌 기업에서 부사장까지 승진하며 성공한 직장 생활을 했던 오 코치가 직장 생활의 비결에 대해 말했다.

"말대꾸를 한마디라도 하면 3일 동안 단식하는 시어머니를 29년 간 모시고 살았습니다. 제가 하고 싶은 말은 모두 묻어둔 채 시어머니가 듣고 싶어 하는 말만 하고 살았습니다. 시집살이에 비하면 직장 생활은 너무 쉬웠습니다."

가슴이 짠해지는 이야기지만 교훈을 준다.

'내가 하고 싶은 말을 하는 게 아니라 상대방이 듣고 싶은 말을 하는 것'이 직장 생활의 비결이라는 거다.

대기업에서 교육을 총괄하고 있는 심 부장을 코칭했을 때다.

심 부장은 하고 싶은 말이 많았다. 직장 상사에 대한 불평과 부하 직원에 대한 불만, 남편에 대한 비난, 자식들에 대한 아쉬움 등 온갖 얘기를 쏟아냈다. 난감했지만 끝까지 들었다. 무려 세 시간 동안 들었다. 다음 날 오후에 문자가 왔다.

'코치님, 어제는 정말 감사했습니다. 몇 년 만에 처음으로 잠을 푹 잤습니다. 고맙습니다.'

코칭을 받고 난 사람들은 대부분 잘 들어줘서 고맙다고 말한다. 자기 말을 잘 들어주는 사람을 좋아한다.

'들어준다는 것은 인간이 할 수 있는 가장 심오한 행동'이라는 말도 있다.

그렇다면 과연 듣는다는 게 뭘까? 내가 우스개로 자주 하는 말이 있다.

"3일 만에 주변 사람들을 모두 적으로 만드는 비결을 알려드릴까요? '그게 아니지'라는 말을 입에 달고 살면 됩니다. 누가 어떤 말을 하든 일단 '그게 아니지'라는 말을 먼저 해보세요. 3일이 지나면 주변 사람들이 모두 적이 되어 있을 겁니다."

협상 이론에 의하면, 일단 반대하고 나서 이유를 밝히는 노 비코즈(No because)의 순서로 말하면 협상이 결렬되기 쉽다고 한다. 반대로, 먼저 상대방의 말을 인정한 후에 자신의 의견을 밝히는 예스 앤드(Yes and)의 순서로 말해야 좋은 결론을 낼 수 있다고 한다.

대학원 제자 L이 내 성대모사를 했다. 나는 충격을 받았다. 내 특징은 '아니지~~!'였다. 크게 손사래를 치면서 '아니지~~!'라고 말하는 게 그의 머릿속에 각인된 나의 특징이었다. 얼마나 웃기는 일인가? 자기 입으로 그렇게 강조하던 걸 스스로 어기고 있었다니…….

이후 나는 각별히 노력했다. 정말 어려웠다. 의식하지 않으면 저절로 '아니지~~!'라는 말부터 튀어나왔다. 오랜 노력 끝에 이젠 '아니지!'라는 말을 좀처럼 하지 않게 되었다. 정말 힘들었다.

선배인 남 코치는 인품 좋기로 소문나 있다. 주변 사람들이 그를 매우 좋아한다. 그의 성대모사는 '힘들었겠다~~!', '기분 좋았겠다~~!'였다. 일단 상대방의 감정을 알아주는 말부터 먼저 하는 게 제자에게 포착된 그의 특징이었다. 남 코치와 대화하면 상대방은 존중받는 느낌이 든다. 그래서 그를 좋아한다. 상대방의 말에 반대하지 않고 상대방의 생각을 존중해주는 게 그의 비결이다.

듣는다는 건 상대방의 생각을 존중하는 거다. 그런데 우리는 자신의 생각을 먼저 말하는 게 습관이 되어 있다. 그 때문에 충돌한다. 코칭에서는 자신의 판단을 내려놓고 듣는 것을 최고의 경청 방법으로 여긴다.

철학자 후설은 잘 듣기 위해선 '에포케(epoche, 자신의 경험에 의한 판단중지)'하라고 했다. 또 장자는 '심재(心齋, 마음을 굶긴다)'하라고 했다. 불교에서는 무분별(無分別, 판단하지 않고 있는 그대로 받아들이는 것)을 최고 깨달음의 경지라고 말한다. 그러나 상대방의 말을 있는 그대로 받아들인다는 건 말처럼 쉽지 않다.

"요즘 젊은 사람들하고는 말이 안 통한다."

"세대 차이가 많이 난다."

이런 말을 입에 달고 사는 사람들이 있다. 그 말에는 내가 옳고 젊은 사람들이 틀렸다는 생각이 전제되어 있다. 이래선 소통이 어렵다. 마음속으로 젊은 사람들이 틀렸다는 생각을 하고 있기 때문에, 매사에 지적하고 조언하고 충고하는 게 습관이 되어 있다. 자신의 의견에 반대하면 토를 단다고 지적하면서 부정적이라는 딱지를 붙인다. 이런 어른들을 빗대어 꼰대라고 한다.

꼰대들에 비하면, 그래도 나는 비교적 젊은 사람들과 대화가 잘 되는 편이다. 그들과 생각이 다를 때, 조언하거나 충고하지 않으려고 의식적으로 노력한다. 비난은 더욱 금기다.

사실 나이가 많다거나 젊다는 건 소통의 장애물이 아니다. 나이를 초월해서 자기만 옳다고 생각하는 게 소통의 걸림돌이다. 곽 선배가 대표적이다.

곽 선배는 자기보다 나이 많은 사람들에겐 사고가 경직되어 있다고 말하고, 자기보다 젊은 사람들에겐 경륜이 부족하다고 말한다. 곽 선배는 항상 자기만 옳다고 주장한다. 그래서 사람들이 싫어한다. 대화하기가 너무 어렵다. 꽉 막혀 있는 벽처럼 느껴진다.

강의에서 부탁받지 않은 조언이나 충고는 비난이라고 말했더니 참가자 중 한 사람이 말했다.

"그래도 후배들에게 진심 어린 조언과 충고를 해줘야 하지 않을까요? 그게 선배의 책임 아닌가요?"

내가 물었다.

"그들이 부탁했나요?"

조언이나 충고에는 상대방은 틀렸고 자기가 옳다는 생각이 깔려 있다. 자신이 더 우월하다고 생각하기 때문에 조언하고 충고하는 거다.

명심하자. 아무리 좋은 의도라 해도 부탁받지 않은 조언은 비난일 뿐이다.

아는데도
실천이 잘 안 된다고요?

최근에 사고를 많이 쳤다. 소통을 강의하는 코치로서 부끄러운 일이다. 코치들과 미팅하면서 다른 코치가 발표하고 있는데 손목시계를 툭툭 쳤다. 빨리 끝내라는 신호였다. 그걸 본 해당 코치는 서둘러 발표를 마쳤다. "제가 너무 길게 했나 봐요. 죄송해요"라고 말했다. 문제는 그다음에 벌어졌다. 나는 그 코치보다 더 장황하게 말했다. 실제로 말하다 보니 길게 말할 수밖에 없는 내용이었다. 미안한 마음이 들었다. 그 코치는 속으로 이렇게 생각했을지도 모른다.

'자기는 더 길게 말하면서 남한테만 짧게 말하라고 그래!'

이 해프닝은 큰 사고 없이 지나갔지만 오후에 더 큰 일이 벌어졌다. 그룹 코칭 중에 자꾸 주제를 벗어나는 참가자에게 면박을 줬다.

그 참가자는 매우 기분 나빠 했다. 그룹 코칭은 그럭저럭 끝났지만 내 머릿속은 무척 복잡했다. 쾌락의 불균형 이론이 떠올랐다. 좋은 감정은 금방 잊히지만 나쁜 감정은 오랫동안 기억에 남는다는 게 쾌락의 불균형 이론이다. 그 참가자에겐 기분 나쁜 감정이 오랫동안 남을 것이다.

삼성경제연구소의 연구에 의하면 소통에는 업무적 소통, 정서적 소통, 창의적 소통이 있다. 업무적 소통을 잘하기 위해선 먼저 정서적 소통이 선행되어야 한다는 거다. 그런데 나는 정서적 소통을 망가뜨렸다.

아리스토텔레스는 설득엔 3요소가 있다고 했다. 말하는 사람의 신뢰성을 의미하는 에토스(ethos), 듣는 사람의 정서적 공감을 얻는 파토스(pathos), 이성적 논리와 논거를 의미하는 로고스(logos)다. 그런데 설득에 영향을 미치는 건 에토스가 60%, 파토스가 30%, 로고스가 10%라고 한다. 논리적 설득에 앞서 말하는 사람을 얼마나 믿을 수 있는지가 가장 결정적이고, 그다음엔 듣는 사람의 공감을 얼마나 얻는지가 두 번째라는 거다. 나는 설득의 90% 요인을 얻는 데 실패했을 뿐만 아니라 감정적 상처까지 남겼다. 지금 이 글을 쓰는 순간에도 얼굴이 화끈거린다.

돌이켜 생각해본다. 왜 이런 일이 벌어졌을까? 변명하자면 정해진 시간에 토론을 끝내고 싶었다. 그냥 끝내는 게 아니라 멋진 결론을 도출하고 싶었다. 그래서 마음이 급했다. 이게 바로 함정이었다.

어떤 결론이 나든 결국 그 내용을 실행하는 건 사람이라는 사실을 망각한 것이다. 급한 마음에 운동화 끈도 묶지 않고 달리려 했다. 어떤 근사한 결론도 그걸 실행할 사람의 마음에 상처를 준다면 무용지물이라는 걸 간과했던 거다.

며칠 후 또 사고를 쳤다. 강의 중에 참가자가 엉뚱한 질문을 했다. 실제로 엉뚱한 질문이었는지, 지금 생각해보면 자신이 없지만 적어도 그 상황에선 그렇게 생각했다. 그 참가자의 질문을 무시해 버렸다. 그 순간부터 그 참가자는 고개를 숙이고 휴대폰을 만지작거리면서 강의를 전혀 듣지 않았다. 어떤 경우에도 참가자의 질문은 존중되어야 한다는 걸 스스로 입버릇처럼 강조하던 터라 어이가 없었다.

TV에서 남궁인이라는 의사가 말했다.

"말은 인공호흡입니다. 말을 통해서 그 사람을 살릴 수도 있기 때문입니다."

가슴에 와닿는 말이었다. 메모까지 해가면서 외웠다. 말 한마디로 천 냥 빚을 갚는다는 말보다 더 강렬했다.

'입술에 30초가 가슴에 30년'이라는 말이 있다. 강의 때 가끔 인용하는 말이다. 실제로 20여 년 전에 선배에게 들은 한마디가 내 가슴에 비수처럼 남아 있다. 이번 일들을 통해 비싼 수업료를 냈다.

앞으로 이런 일이 또 생긴다면 내 직업에 대해 심각하게 재고해야 할지 모른다. 자기도 지키지 못하는 걸 남에게 가르칠 순 없는 일 아니겠는가?

개에게 공을 던지면 개는 쫓아가서 그 공을 물어온다. 그러나 사자에게 공을 던지면 사자는 공을 쫓아가는 게 아니라, 공을 던진 사람을 향해 덤벼든다. 어떤 문제가 주어졌을 때는 그 문제를 쫓아가지 말고, 그 문제의 본질과 그 문제를 감당해야 할 사람을 먼저 봐야 한다. 문제의 본질을 잊지 말라는 교훈이다.

의견 차이가 크거나 심각한 문제에 대해 토론해야 할 때는 더욱더 문제에 매몰되면 안 된다. 문제에 빠지는 순간, 상대방을 보지 못하게 된다. 문제를 보기 전에 먼저 사람을 보라고 하는 이유다.

그 사람이 지금 어떤 상황에 있는지, 어떤 입장에 있는지, 어떤 애로 사항이 있는지, 그렇게 결론 났을 때 그 사람이 어떤 곤경에 처하겠는지, 그 사람이 진짜 원하는 게 무엇인지를 먼저 살펴야 한다.

내 생각대로 결론이 났다 하더라도 결코 이긴 게 아니다. 그 과정에서 상대방의 마음에 상처를 줬다면 오히려 진 거다. 상대방의 입장을 전혀 생각하지 않고 상대방을 설득해서 어떤 결론에 도달했다 하더라도 상대방의 마음은 얻을 수 없기 때문이다.

반대의 경우가 생각난다. L기업에서 있었던 일이다. 강 상무의 만류에도 불구하고 최 부장은 자기 소신대로 일을 진행했다가 회사에 큰 손해를 끼칠 상황이 발생했다.

강 상무가 물었다.

"코치님, 이럴 경우엔 어떻게 하는 게 좋을까요?"

얼마나 큰 손해인지, 그 일은 누가 수습해야 하는지 묻고 난 다음에 말했다.

"이번 경우엔 야단치지 않는 게 좋겠네요. 먼저 최 부장을 위로 해주고 어떻게 수습할 건지 물어보세요. 그분이 일부러 그런 것도 아니고 잘해보려 하다가 그렇게 된 거라면서요? 최 부장도 자신이 잘못했다는 걸 이미 알고 있고, 어차피 뒷일을 최 부장이 수습해야 하는 거라면 더욱더 그러는 게 좋겠네요. 일을 챙기기 전에 먼저 사람부터 챙겨야 합니다. 결국 일은 사람이 하는 거니까요."

강 상무는 조언대로 했다. 최 부장은 감동했다. 최 부장은 혼신의 노력을 다했고 결국 그 일은 잘 수습됐다.

아직도 큰 소리로 부하 직원을 야단치는 사람들이 많다. 이들도 본질을 잘 모르는 사람들이다. 화를 내고 야단치면 그 자리에선 받아들이는 것처럼 보이지만 장기적으로 볼 땐 마이너스다. 상대방의 가슴에 상처를 남기면 관계는 나빠질 거고, 상대방의 마음을 얻지 못하면 결국 수동적이고 부정적인 태도로 일하게 될 거다. 직급이 높은 사람들에게 자주 듣는 말이 있다.

"직원들에게 화를 내면 안 된다는 걸 알면서도 성격이 급해서 화를 잘 낸다."

그러나 알면서도 잘 안 된다는 건 거짓말이다.

'내심으론 화를 내도 괜찮다고 생각하니까 화를 내는 거다.'

이들은 상사에겐 화를 내지 않는다. 자신에게 돌아올 결과를 잘 알기 때문이다. 30층에서 뛰어내리라고 하면 뛰어내리겠는가? 절대로 뛰어내리지 않을 거다. 결과를 너무나 잘 알기 때문이다. 그러나 2층에서 뛰어내리라고 하면 어떨까? 망설일 거다. 잘하면 하나도 안 다칠 수 있고, 설령 다치더라도 중상은 아닐 거라고 생각하기 때문이다.

아는데도 실천이 잘 안 된다는 건 거짓말이다. 내심으론 괜찮다고 생각하기 때문에 실천하지 않는 거다.

그들은 그럴 만한 이유가 있다

누가 물었다.

"어떤 강의가 제일 어렵습니까?"

많은 생각이 떠오른다. 대체로 직급 높은 사람들에 대한 강의가 어렵다. 대학교수, 고위 공직자, 박사, 언론인, 대기업 임원 등 사회적으로 인정받고, 직급이 높은 사람들에 대한 강의는 특히 더 어렵다. 그들은 지식도 많고 경험도 많다. 게다가 자부심도 강하다.

이들 조직의 교육 담당자들은 이렇게 말한다.

"이분들은 강의를 잘 듣지 않습니다. 이분들은 팔짱을 끼고 '그래, 얼마나 잘하는지 한번 해봐. 내가 판단해줄게' 하는 태도로 듣습니다. 강의를 너무 잘하려고 생각하지 마시고 그냥 시간 때운다는 심정으로 가볍게 해주십시오."

이럴 땐 난감하다. 이런 생각이 든다.

'그럴 거면 왜 교육을 받지? 그래도 난 그럴 수 없어!'

예전에 김영사 박은주 사장의 인터뷰를 신문에서 본 적이 있다. 어떻게 그 많은 베스트셀러를 탄생시킬 수 있는지에 대해 박 사장이 말했다.

"저는 출판 의뢰가 오면 네 가지를 봅니다.

첫째, 지식을 선도하는가?

둘째, 감동적인가?

셋째, 고정관념을 깨는가?

넷째, 재미있는가? 이 중 한 가지라도 충족되어야 책을 출간합니다."

이 내용을 내 강의에 적용하려고 노력했다. 내 강의안에 대해 자기 검열을 했다. 이런 노력을 쏟으면서 알게 됐다.

'수강생들은 이미 자기가 잘 알고 있는 내용이거나, 재미가 없거나, 뻔한 내용일 때는 잘 듣지 않지만, 자신에게 이익이 되거나 도움이 되는 건 잘 받아들인다.'

그 과정에서 배운 게 있다.

'사람들을 가르칠 수는 없다. 사람들은 자기에게 도움이 될 때 스스로 받아들일 뿐이다.'

얼마 전 TV에서 거꾸로 학습에 대한 내용을 본 적이 있다. 정년이 얼마 남지 않은 수학 교사 이야기다. 이 선생님은 학생들이 수업 시간에 설명을 잘 듣지 않고 딴짓을 하거나, 잠을 자는 것에 대해 고민이 많았다. 자신의 능력과 자질을 반성했고, 교실이 붕괴되는 것 같아 회한에 빠졌다. 이런 상태론 도저히 안 되겠다는 생각이 들어 명퇴를 결심했다.

자신과 같은 수학 교사인 30대 초반의 딸에게 고민을 털어놨다. 딸은 아버지에게 '거꾸로 교실' 워크숍에 참가할 것을 권유했다. 이 선생님은 거꾸로 교실 워크숍에서 신선한 충격을 받았다. 거꾸로 교실의 핵심은 '교사가 학생들을 가르치는 게 아니라, 학생들이 학생들을 가르치는 것'이다. 그래서 거꾸로 교실이다.

이 선생님은 지푸라기라도 잡는 심정으로 자신이 배운 것을 교실에 접목했다. 대성공이었다. 선생님의 설명은 잘 듣지 않던 아이들이 친구가 가르치는 건 잘 들었다. 모르는 건 서로 거리낌 없이 질문했다. 학생들끼리 서로 가르치고 서로 배웠다.

학생들은 큰 소리로 구호를 외치면서 수업을 시작한다.

"우리는! 우리가 가르친다!"

이 선생님은 지금은 보람을 느끼면서 가르치고 있다. 교사가 가르치는 게 아니라 학생들이 스스로 가르칠 수 있는 환경을 만들어주는 게 선생님 역할의 전부다. 이 선생님은 가르치지 않으면서 가르치고 있다.

"까다로운 참가자들은 어떻게 대하는 게 좋습니까?"

강사들이 많이 묻는 질문이다.

이건 질문이 잘못됐다. '까다로운 참가자'라는 게 무슨 뜻인가? 이 말엔 강사가 시키는 대로 잘 따르지 않는 사람이라는 게 전제되어 있다.

생각해보자. 그들이 왜 강사의 말을 들어야 하는가? 자신에게 도움이 된다 해도 듣지 않겠는가? 재미있고 감동적인데도 듣지 않겠는가? 어떤 이유로든 그들에게 도움이 되지 않기 때문에 듣지 않는 거다. 업무가 바쁜데 억지로 끌려온 교육이라면 잘 듣지 않을 거고, 자기가 이미 알고 있는 내용이라면 듣지 않을 거고, 지루한 내용이라면 듣지 않을 거다. 참가자들이 그렇게 행동하는 데는 나름대로의 이유가 있다.

'까다로운 참가자'라는 말은 '욕구가 충족되지 못한 참가자'라는 말로 바꾸는 게 좋을 듯싶다.

'저 참가자에게는 어떤 욕구가 있을까? 어떤 욕구가 충족되지 못한 걸까?'

이렇게 생각을 바꾼 후에 달라진 게 있다. 강의 효과가 얼마나 좋아졌는지는 알 수 없지만 강사로서 어렵고 힘든 건 현저히 줄어들었다. 이젠 그들을 억지로 어떻게 하겠다는 생각을 하지 않는다. 강사로서 최선을 다하되, 그들이 따라오지 않더라도 스트레스를 받지 않는다. 예전엔 주로 이렇게 생각했다.

'저 사람, 왜 저래? 왜 저렇게 부정적이야? 자기는 저렇게 부정적으로 행동하면서 부하 직원들에겐 긍정적으로 행동하길 바라겠지?'

그러나 이젠 생각이 바뀌었다.

'저들은 지금 어떤 욕구가 충족되지 않아서 저렇게 불편해하는 걸까? 내가 어떻게 도와줄 수 있을까?'

이런 생각을 하다 보면 쉬는 시간에 진심으로 그들에게 다가가게 된다.

"많이 불편하신 모양이군요. 어떤 점이 불편하세요? 제가 뭘 도와드릴까요?"

참가자들은 대체로 이렇게 반응한다.

"아닙니다. 강사님에게 불만이 있는 게 아닙니다. 제가 다른 일이 있어서 집중을 못했습니다. 죄송합니다. 강의에 방해가 되지 않도록 노력하겠습니다."

"질문해도 대답하지 않는 사람은 어떻게 합니까?"

코치들이 많이 묻는 질문이다.

나는 되묻는다.

"코치가 질문하면 그들이 꼭 대답해야 합니까?"

질문했던 사람은 당황해한다. 대체로 이런 대답이 돌아온다.

"그러네요. 코치가 질문한다고 해서 그들이 꼭 대답해야 할 의무는 없지요. 대답하기 싫어서 안 할 수도 있고, 대답할 내용을 몰라서 안 할 수도 있겠네요."

그렇다. 코치가 질문한다고 해서 상대방이 반드시 대답해야 하는 건 아니다.

직장에서도 마찬가지다. 상사의 질문에 대답을 잘하지 않을 땐 반드시 그럴 만한 이유가 있다. 자기 대답에 상사가 꼬투리를 잡을지도 모른다는 두려움이 있으면 대답하지 않는다. 대답했을 때 그게 자기 일로 되돌아와 덤터기를 쓰게 되는 경우도 잘 대답하지 않는다. 잘못 대답했다가 무식이 탄로 날지 모른다는 두려움이 있어도 대답하지 않는다. 직원들이 대답하지 않을 때는 반드시 그럴 만한 이유가 있다.

그러므로 대답하지 않는다고 불평할 게 아니라, 그들이 왜 대답하지 않는지 그 이유를 알아야 한다.

코칭을 하면서 알게 된 게 있다.

'사람들은 스스로 동기부여가 되어 있고, 자신에게 이익이 되는 행동을 한다.'

이 말은 상사가 부하 직원에게 동기부여를 해주는 게 아니라는 것이다. 엄밀히 말하면 누구도 다른 사람에게 동기부여를 시켜줄 수 없다는 뜻이다.

사람들은 스스로 자기 최적화가 되어 있다. 그래서 자기에게 도움이 되는 행동, 자기에게 이익이 되는 행동을 한다. 그 과정에서 서로 소통하고 배려하고 공헌하는 것이다.

부하 직원들도 마찬가지다. 상사가 시켜서 하는 게 아니라 자기에게 도움이 되기 때문에 하는 것이다. 상사가 시키지 않아도 자신에게 도움이 되는 건 스스로 찾아서 한다. 상사의 몫은 일방적으로 가르치거나 어디로 끌고 가는 게 아니다. 그런다고 해서 그들이 따라오지도 않는다. 자기에게 도움이 될 때만 따라온다. 그러므로 리더는 부하 직원들이 원하는 방향이 무엇인지, 무엇에 동기부여되어 있는지, 무엇을 원하는지를 알아차려야 한다. 일방적으로 가르치려는 마음을 내려놓고, 그들이 스스로 터득할 수 있도록 해줘야 한다.

그들은 말한다.

"당신은 당신 팔만 흔들어라. 내 팔은 내가 흔든다!"

이심전심은
없다

친구가 전화를 했다. 날씨도 더운데 맥주나 한잔하자고 했다. 이 친구는 골뱅이를 유독 좋아한다. 을지로 골뱅이집에서 만났다. 이런저런 이야기를 나누다가 친구가 말했다.

"요즘 사는 게 재미가 없다."

순간 내 직업의식이 발동했다.

'이 친구, 뭐가 있구나. 힘든 일이 있나?'

속으로 생각하다가 물었다.

"무슨 일 있니?"

친구가 퉁명스럽게 말했다.

"그냥, 술이나 먹자!"

난 튕겨나는 느낌이 들었다.

'뭐야? 자기가 말해놓고 그냥 술이나 먹자니……'

술을 마신 후에 차를 마시러 갔다. 친구가 또 말했다.

"야, 정말 사는 게 재미가 없다!"

벌써 몇 번째다. 이 친구에게 무슨 일이 있는 게 틀림없다.

"야, 너 무슨 일 있지? 무슨 일이야? 말해봐! 고민은 털어놓으면서 해결되는 게 많아."

친구가 대답했다.

"그냥, 차나 마시자!"

난 또 튕겨났다.

'그냥'이라는 말은 혼란스럽다. 시어머니가 며느리에게 전화해서 말한다.

"얘야, 별일 없니? 그냥 전화했다."

며느리로선 여간 난감한 게 아니다. 이때의 '그냥'은 '그냥'이 아니다. '그냥'이라는 말엔 많은 의미가 깔려 있다. 용돈이 필요하다거나, 보고 싶으니 찾아오라거나, 내 아들이 건강하게 잘 지내는지 걱정된다거나…….

'그냥'이라는 말을 습관적으로 자주 쓰면 관계가 망가진다. '그냥'이란 말에는, 말하지 않았는데도 스스로 알아주길 바라는 고약한 심보가 밑바닥에 깔려 있다. 우린 말을 하지 않아도 상대방이 스스로 알아주길 바라는 경향이 있다.

'그걸 꼭 말을 해야 아나? 척하면 삼척이지. 이심전심도 모르나?'

그러나 말을 안 해도 알아주길 바라는 건 요행수를 바라는 것에 불과하다. 아니, 말을 해도 못 알아들을 때가 오히려 더 많다.

말을 할 땐 두 가지에 주의해야 한다. 먼저 자신이 어떤 말을 하고 있는지 알아차려야 한다. 자신이 하고 싶은 말인지, 상대방이 듣고 싶은 말인지, 상대방 기분을 나쁘게 하는 말인지, 기분을 좋게 하는 말인지…….

어떻게 하면 젊은 사람들과 잘 통할 수 있는지 친구들이 자주 묻는다.

"아무 말도 하지 마라!"

이게 내 처방이다. 그러면 친구들은 말도 안 된다고 항변한다.

"소통을 잘하고 싶은데 아무 말도 하지 말라니 무슨 궤변이야?"

난 또 말한다.

"정말 젊은 사람들과 소통을 잘하고 싶으면 자신이 하고 싶은 말을 하지 말고 젊은 사람들이 듣고 싶은 말을 해라."

이게 조금 더 친절한 내 처방이다.

두 번째는 자기 말이 얼마나 장황한지, 간결한지를 알아차려야 한다.

자기가 무슨 말을 하고 있는지도 모르는 사람들이 의외로 많다. 직장에서 특히 그렇다. 상사들의 말은 항상 길고 장황하다. 한참 들어도 무슨 말인지 모르겠다.

코칭하다 보면 상대방의 말이 장황해서 무슨 뜻인지 못 알아들을 때가 있다. 그땐 지금까지 한 말을 한 문장으로 정리해달라고 요청한다. 이때도 한 문장으로 말하지 못하는 사람들이 있다. 그럴 땐 지금까지 말한 내용을 한 단어로 말해달라고 요청한다.

자기 말을 한 문장으로 말할 수 없고, 한 단어로도 말하지 못한다는 게 어떤 의미일까? 그 정도로 자기 말이 의미심장하고 어려운 내용인가?

자기가 무슨 말을 하고 있는지도 모르면서 장황하게 말하는 상사들에게 묻는다.

'이럴 때 과연 리더십이 제대로 발휘될 수 있겠는가?'

이근원통(耳根圓通)이라는 불교 수행법이 있다. 이근(耳根)으로 원통(圓通)한다는 뜻인데, 듣는 것을 통해 최고의 깨달음을 얻는다는 말이다. 자기 염불 소리를 자기가 직접 들으면서 염불하면 최고의 경지에 도달한다는 수행법이다. 이 수행법은 자기 염불 소리를 자기가 듣는 게 핵심이다.

자기가 하는 말을 자기가 듣는 것, 이게 바로 리더십의 핵심이다. 자기가 무슨 생각을 하고 있는지, 무슨 말을 하고 있는지, 무슨 행동을 하고 있는지 알아차리는 것, 이게 바로 자기 알아차림(self awareness)이다.

의도는 좋지만 말로 상대방을 해치는 사람들이 있다. 좀 더 잘하길 바라는 마음에서 말한다.

"자알~한다. 그렇게 해서 자알~되겠다!"

"굼벵이도 구르는 재주가 있네!"

"호박에 줄 긋는다고 호박이 수박 되나?"

자기도 모르게 습관적으로 비아냥거리는 말을 하는 건 자해 행위와 같다. 비록 그 순간엔 별다른 표시가 나지 않지만, 이런 말들은 상대방의 감정에 상처를 입힌다. 이런 행위가 지속되면 관계는 회복되기 어려울 정도로 금이 간다.

나이가 들수록, 지위가 올라갈수록 입은 닫고 지갑은 열어야 한다는 말이 있다. 이 말을 살짝 바꾸고 싶다.

'나이가 들수록, 지위가 올라갈수록 자기가 무슨 말을 하는지, 자기 말을 자기가 들으면서 말할 수 있어야 한다. 자기 말에 대한 알아차림이 있어야 한다.'

마음엔
빈 공간이 필요하다

얼마 전, 배(梨)에 복분자를 묻히고 불에 졸여서 조리한 걸 먹은 적이 있다. 맛이 깔끔하고 특이했다. 옆 사람이 말했다.

"사람이든 과일이든 빈틈이 있어야 쓰임새가 많아!"

무슨 말인지 물었다. 그의 설명은 이랬다.

'배는 빈틈이 많기 때문에 다른 재료들을 잘 흡수한다. 그래서 여러 가지 요리에 혼합 재료로 잘 쓰인다. 쓰임새가 많다. 사람도 마찬가지다. 조금 어수룩하고 빈틈이 있어야 다른 사람들이 좋아한다. 자기 생각으로만 꽉 차 있는 사람은 다른 사람들의 생각을 받아들일 여유 공간이 없다. 자기 생각만 옳다고 주장한다. 그래서 사람들이 좋아하지 않는다.'

양자물리학에 의하면, 원자의 대부분이 빈 공간으로 구성되어 있다고 한다. 수소 원자의 핵을 농구공 크기로 비교했을 때, 전자들은 약 32킬로미터 주변에서 그 주위를 돌고 있고, 핵과 전자 사이는 빈 공간이라고 한다. 즉 우리가 눈으로 인식하는 물질은 실제론 빈 공간으로 둘러싸여 있다는 거다. 양자물리학에 의하면, 모든 물질은 빈 공간을 매개로 할 때만 비로소 존재할 수 있다고 한다. 모든 물질에는 빈틈이 있고, 존재는 빈 공간이 없으면 그 형태를 유지할 수 없다는 거다.

관계도 마찬가지다. 관계도 빈 공간이 있어야 잘 유지된다. 다른 사람의 생각을 받아들일 수 있는 마음의 빈 공간이 필요하다.

매우 어려운 사람을 코칭했다. S기업 노 전무다. 자신이 왜 코칭을 받아야 하는지 이유를 모르겠다고 했다. 노 전무가 생각하는 코칭이 뭔지 물었다. 그는 잘난 사람이 못난 사람에게 한 수 가르쳐주는 게 코칭이라고 했다. 만약 코칭을 그렇게 생각하고 있다면 불편할 수밖에 없을 거라고 공감해줬다. 그러고 나서 코칭의 정의와 코칭의 프로세스, 코칭에서 다루는 것들에 대해 설명했다. 노 전무는 알았다고 했다. 그렇게 코칭이 시작됐다. 그런데 두 번째 만났을 때 노 전무는 처음 상태로 돌아가 있었다.

오늘 코칭에서 무엇을 다루고 싶은지, 어떤 것을 해결하고 싶은지 물었다. 노 전무가 퉁명스럽게 말했다.

"그런데 제가 왜 코칭을 받아야 되나요?"

답답했다. 내 말이 하나도 전해지지 않았던 것이다. 같은 부서의 상무가 알려줬다.

"노 전무가 원래 저렇게 고집스러운 사람은 아니었습니다. 진급하고 나서 사람이 달라졌습니다. 그 자리를 지키려면 반드시 최고의 성과를 내야 한다며 조바심을 내고 있습니다. 주변에서 아무리 이야기해도 노 전무에겐 마음의 여유가 없는 것 같습니다. 답답합니다. 저러다 건강도 해치고 저 자리도 유지하기 힘들 겁니다."

다음번 코칭을 시작할 때 말했다.

"저는 오늘 순전히 노 전무님을 위해 여기에 있습니다. 노 전무님 마음의 빈 공간을 제게 내주십시오."

노 전무가 깜짝 놀라며 물었다.

"예? 마음의 빈 공간이라고요?"

내가 말했다.

"저는 노 전무님을 변화시키거나, 한 수 가르치려고 여기 있는 게 아닙니다. 저는 노 전무님을 위해 여기에 있습니다. 오직 노 전무님의 성공과 행복을 위해 존재할 뿐입니다. 노 전무님과 함께 마음의 보석을 캐내는 작업을 하고 싶습니다. 노 전무님의 마음에 빈 공간을 내주시면 좋겠습니다."

그 후 코칭은 삐걱거리면서도 어느 정도 성과를 내면서 진행할 수 있었다.

평상심이 곧 도(道)라는 말이 있다. 이 말을 일상생활의 마음, 평온한 마음 등으로 오해하는 사람들이 있다. 그러나 평상심의 본래 뜻은 그게 아니다. 평상심이란 인위적인 조작이 없는 마음, 시비 분별이 없는 마음, 편견과 고정관념에 따른 차별이 없는 마음을 말한다. 즉 시비 분별이 없는 마음이 곧 도라는 거다.

시비 분별을 없애는 최고의 방법은 명상이다. 명상을 하면 마음이 고요해지고 마음속에서 일어나는 온갖 망상을 알아차릴 수 있다. 명상을 계속하면 마음에 커다란 빈 공간이 생긴다. 이 빈 공간은 어떤 생각도 받아들일 수 있고, 버릴 수도 있다. 취사선택에 자유가 생긴다. 이때 비로소 시비 분별이 없어진다.

빈틈이 있는 마음, 빈 공간이 있는 마음을 일컬어 여유 있는 마음이라고 한다. 마음의 여유가 있으면 아무리 어려운 일도 즐겁게 해낼 수 있다.

N기업 박 상무는 자신의 성공 비결을 '면담을 잘하는 것'이라고 했다. 직원들은 어려운 일이 있으면 박 상무를 찾는다고 했다. 공식적인 면담이든, 비공식적인 면담이든 박 상무는 인기가 좋다. 이유를 물었다.

박 상무의 대답이다.

"저는 직원들이 상담하러 오면 편안하게 들어주려고 노력합니다. 가급적 직원들이 하는 말을 끝까지 들으려고 노력합니다. 그러면 직원들은 매우 좋아합니다. 직원들의 이야기를 들어주는 게 제가 직원들에게 줄 수 있는 유일한 선물이라고 생각합니다."

내가 말했다.

"상무님, 얘기를 들어준다는 건 유일한 선물이 아니라 최고의 선물입니다."

박 상무 자신도 마음에 여유가 없을 때는 짜증이 나고 직원들의 말을 듣기 어렵다고 했다. 그래서 마음의 평화로운 공간, 마음의 여유를 가지기 위해 매일 아침마다 30분씩 명상을 한다고 했다. 박 상무의 비결은 명상이었다.

얼마 전에 L그룹 홍 상무 코칭을 끝냈다. 홍 상무를 처음 만났을 때 가슴이 철렁 내려앉았다. 얼굴은 피곤에 찌들어 있었고, 업무는 바빠서 정신을 차리지 못할 지경이었다. 그러다 보니 쉽게 화를 내고 짜증을 냈다. 직원들은 홍 상무를 싫어했다. 어디서부터 손을 써야 할지 모를 정도로 심각한 상황이었다.

먼저 화를 내지 않는 훈련부터 했다. 화가 나는 순간, 숨을 멈추고 열까지 세기로 했다. 하지만 그 방법은 아무 소용이 없었다. 언제나 화를 내고 난 후에야 알아차렸다. 화가 나는 것도 모를 정도로 알아차림이 약했다. 마음의 근육이 너무 허약했다.

홍 상무를 설득했다.

'쉽게 짜증을 내거나 화를 잘 내면 성공하기 어렵다. 자신부터 무너진다. 분명 화나는 이유가 있을 거다. 그러나 안타깝게도 이유는 아무 소용 없다. 시간이 지나면 사람들은 내가 무엇 때문에 화를 냈는지는 깡그리 잊고 내가 화를 낸 사실만 기억한다. 나는 정당한 이유로 화를 냈는데 사람들은 그 정당한 이유를 모두 잊어버리고 오직 내가 화를 냈던 사실만 기억한다. 얼마나 억울한 일인가?'

홍 상무는 명상을 시작했다. 아침에 출근해서 컴퓨터를 켜기 전에 먼저 명상을 했다. 처음 일주일에는 5분, 다음 일주일에는 10분, 그다음 일주일에는 15분, 그다음엔 20분씩 명상했다. 명상을 한 지 두 달이 지나자 홍 상무는 변하기 시작했다. 짜증이나 화를 내지 않는 건 물론이고 표정이 편안해졌다. 이젠 마음에 빈 공간이 생겨 자기 생각이 일어나는 걸 포착하고 어느 정도 제어할 수 있게 되었다.

홍 상무가 말했다.

"코치님! 명상을 했더니 마음에 여유가 생겼습니다. 마음에 여유가 있으니 화를 잘 내지 않게 되었고 직원들의 생각을 유연하게 받아들일 수 있어서 너무 좋습니다."

어떤가? 당신의 마음엔 빈 공간이 얼마나 있는가?

직장인들의
착각

"부장님 때문에 직장 생활 못하겠다."

"아이들 때문에 속상해서 못 살겠다."

우리가 흔히 하는 말들이다.

그러나 '누구 때문에 못 살겠다', '누구 때문에 화가 난다' 하는
말들은 모두 거짓말이다.

똑같은 말을 들었는데 어떤 사람은 화를 내고 어떤 사람은 화를
내지 않는다면, 이는 그 말 때문에 화가 나는 것인가? 아니면 그 말
을 들은 사람의 해석 때문에 화가 나는 것인가?

똑같은 말을 상사가 하면 기분 나쁘고, 부하 직원이 했을 땐 기분
나쁘지 않다면, 이는 그 말 때문인가? 그 말을 들은 사람의 해석 때

문인가?

우리는 즉각적으로 일어나는 자신의 생각에 대해 아무런 의문을 제기하지 않고 받아들인다. 자기 생각이 옳다고 판단하기 때문에 다른 사람들에 대해 화가 나고 열을 받는다.

양 차장은 중견 기업의 교육 담당자다. 일도 잘하고 평판도 좋다. 게다가 인물까지 좋다. 한마디로 엄친아다. 그런데 코칭을 해보니 정작 양 차장 자신은 행복하지 않았다. 양 차장은 다른 사람들의 평판에 매우 민감했다. 어떤 사람이 칭찬해주면 하루 종일 기분이 좋았고, 어떤 사람이 불평하면 온종일 시무룩했다. 양 차장은 마치 다른 사람들의 칭찬을 듣기 위해 일하는 것처럼 보였다. 그와는 반대로 유독 많은 불평불만을 쏟아내는 동료 방 차장이 있었다. 양 차장은 방 차장 만나는 걸 두려워했다. 방 차장을 만나고 나면 항상 기분이 나빴다. 방 차장의 불평이 사실인지 물었다. 아니라고 했다. 그저 무시하고 지나갈 수 있는 사소한 불평불만이라고 했다.

양 차장에게 물었다.

"당신은 그 사람의 노예입니까?"

양 차장은 당황해하며 반발했다.

"아니, 그게 무슨 말입니까? 내가 그 사람의 노예라니요?"

나는 양 차장이 방 차장의 불평불만에서 자유로워지길 바라는 마음으로 말했다.

"방 차장의 말 한마디에 당신의 기분이 춤추는 걸 보니 당신이 방 차장의 꼭두각시처럼 느껴집니다."

우리는 다른 사람들의 말에 즉각 반응한다. 때론 상대방의 말 한 마디에 행복과 불행이 좌우되기도 한다. 마치 다른 사람들이 우리의 행복 결정권을 쥐고 있는 것 같다. 이건 억울한 일이다. 아우슈비츠 죽음의 수용소에서 극한의 절망과 고통을 체험했던 빅터 프랭클이 말했다.

"아무리 극한 상황이라도 자신의 허락 없이는 누구도 자신을 불행하게 만들 수 없다."

상대가 아무리 모욕적인 언행을 퍼부어도 자신이 모욕적이라고 받아들이지 않으면 그건 결코 모욕이 될 수 없다는 것이다. 빅터 프랭클은 자신에게 폭언을 퍼붓는 간수들에게 모욕을 느끼기보다 연민을 느꼈다고 했다.

외부로부터 어떤 자극이 주어질 때 그 자극에 대한 반응은 자신이 선택할 수 있다. 자극과 반응 사이에는 공간이 있고, 우리는 반응을 선택할 자유가 있으며, 그 반응을 스스로 선택함으로써 자기 삶의 주인이 되는 것이다.

양 차장은 방 차장의 불평을 들은 후에 항상 괴로워했다. 자신도 모르게 방 차장에게 휘둘린 것이다. 방 차장의 불평을 듣고 난 후에 방 차장의 말이 사실인지 아닌지 검토해보고, 사실이면 개선할 방법을 찾고, 사실이 아니면 방 차장의 불만을 상담해준 것으로 가볍게 생각했다면, 양 차장은 스스로 반응을 선택한 것이다. 이렇게 자신이 스스로 반응을 선택하는 걸 일컬어 스티븐 코비 박사는 '주도적이 되는 것'이라고 했다.

조건반사적인 반응을 멈추고 생각의 공간을 가진 후에 자신이 원하는 반응을 선택하는 것, 이게 바로 다른 사람들에게 휘둘리지 않고, 자신이 주인이 되는 삶을 살아가는 방법이라고 했다.

상대방의 말에 화가 난다면 일단 멈추자. 반사적으로 화를 내는 건 상대방의 말에 휘둘리는 것이다. 상대방에게 끌려가지 말고 자신의 선택을 찾아보자.

'왜 지금 화가 나는 거지……?'

'어떻게 반응하는 것이 내가 원하는 거지……?'

자신에게 물어보자. 그런 다음 자신이 원하는 반응을 선택하자. 이렇게 자신의 반응을 스스로 선택하는 것이 주도적인 삶이다.

사실 화가 나는 건 상대방의 말 때문이 아니라 자기 해석 때문이다. 그럼에도 불구하고 우리는 상대방이 화나게 만든다고 굳게 믿고 있다.

대니얼 골먼은 다른 사람들과 좋은 관계를 맺으면서 좋은 성과를 내려면 감성 지능의 계발이 필수적이라고 했다. 감성 지능은 자기 인식(self awareness)에서 비롯된다.

"자신이 지금 어떤 생각을 하고 있으며, 어떤 말을 하고 있고, 어떤 행동을 하고 있는지 알아차리는 것. 이게 바로 자기 인식이다."

강의에서 이렇게 말하면 거세게 항의하는 사람들이 있다. 그게 어디 말처럼 쉽냐는 거다. 그렇다. 자기 인식을 하는 건 결코 쉽지 않다.

그러나 우리에겐 별다른 방법이 없다. 자신의 사고와 감정, 행동에 대한 자각 없이 반사적으로 행동하는 건 마치 핸들도 없고 브레이크도 없는 자동차를 운전하는 것과 같다. 위험천만한 일이 아닐 수 없다.

습관적으로 튀어나오는 반응을 제어하고 자신이 원하는 반응을 선택하기 위해선 자기 성찰이 필요하다. 또 천천히 생각하고, 리액션 타임을 늘리는 연습을 해야 한다. 이런 방법의 하나로 요즘 많은 사람들이 명상을 하고 있다.

명상은 자신의 '무의식적 사고의 패턴'을 알아차리는 '의식적 훈련'이다.

아무런 판단 없이 자기 내면에서 일어나는 생각과 느낌 등을 알아차리면서 자신의 사고 패턴과 행동 패턴을 탐색하고 객관화하는 것이 명상이다.

명상을 하면 자기 인식의 힘과 자기 성찰의 힘이 강해진다. 자기 생각의 패턴을 알게 되고, 자기가 원하는 선택이 무엇인지 알아차리는 힘을 키울 수 있다.

많은 사람들이 몸짱이 되기 위해 근육을 강화하는 노력을 한다. 근육은 훈련하면 할수록 더욱더 강화된다. 뇌도 마찬가지다. 훈련을 통해 얼마든지 뇌 기능을 향상시킬 수 있다. 뉴런과 뉴런을 연결하는 시냅스에 의해 생각이 작동한다. 처음에는 시냅스의 연결이 오솔길처럼 좁고 미약하지만 명상을 통해 생각의 길은 더 크고 더 넓은 고속도로가 된다.

자기 생각만 옳다고 주장하는 사람들을 독불장군이라고 한다. 다른 사람들의 생각을 잘 받아들이지 않는 사람들을 불통이라고 한다. 화를 잘 내는 사람들은 불통과 독불장군의 극치다. 이들은 자기만 옳고 다른 사람들은 틀렸다고 생각하기 때문에 화를 낸다. 만약 자기 생각이 틀렸다고 생각한다면 그렇게 화를 내진 않을 것이다.

자기만 옳다고 생각하는 '무의식적 사고의 패턴'에서 벗어나야 한다. 이를 빗대어 성철스님은 '자기 생각에 속지 않는 것'이라고 했다. 자기 생각에 속지 않는 훈련이 바로 명상이다.

명상을 통해 자기 사고의 패턴을 알아차리고, 자기 인식의 힘을 기르고, 자신을 성찰하는 힘을 키울 수 있다. 자기 인식과 자기 성찰의 힘이 강해지면 외부의 어떤 자극에 대해서도 일단 반응을 멈추고, 원하는 반응을 성찰하고, 원하는 반응을 선택할 수 있다.

칭찬에도 우쭐해하지 않고, 비난에도 흔들리지 않으며, 꿋꿋하게 자신이 원하는 대로 반응을 선택할 수 있다면 얼마나 좋을까?

자기 생각의 착각에서 벗어나, 자신이 원하는 반응을 자유롭게 선택하는 게 바로 자신이 원하는 삶을 사는 것이다.

당신은 어떤가? 어떤 자기 생각에 속고 있는가?

제4장

———

자기 생각에
속지 맙시다

적은
내 마음속에 있다

신입 사원들에게 '동기는 친구가 아니라 적'이라고 가르치는 선배를 보고 깜짝 놀랐다. 그의 말은 이랬다.

'지금은 동기가 친구처럼 여겨지지만 시간이 지날수록 서로 경쟁하게 되고, 같은 자리를 놓고 승진 싸움을 하게 된다. 위로 올라갈수록 자리는 한정되어 있기 때문에 동기는 필연적으로 경쟁 대상이 될 수밖에 없다. 그래서 동기는 친구가 아니라 적이다. 이게 바로 동기의 운명이다.'

가슴이 덜컥 내려앉았다. 신입 사원 때의 일이 기억났다. 신입 사원 연수 때 강사가 똑같은 말을 했던 것이다. 우리 동기들은 충격을 받았다.

'동기는 친구가 아니라 적이라니?'

동기들은 술자리를 가졌다. 우린 승진을 못하는 한이 있더라도 평생 적으로 살지는 말자. 친구처럼 지내자고 다짐했다. 하지만 그 약속은 얼마 지나지 않아 깨져버렸다. 동기들을 경쟁자로 생각하고 사사건건 경쟁하고 비협조적으로 행동하는 동기가 여러 명 생겼다. 그래서 동기 모임도 잘 갖지 않게 되었다. 처음엔 동기들과 경쟁적으로 일하던 친구들이 먼저 승진하는 듯했다. 그렇게 세월이 흘렀다. 그런데 지나고 보니 이 말은 틀린 말이었다.

위로 올라갈수록 자리가 줄어든다는 건 맞다. 그러나 동기가 적이라는 말은 틀린 말이다. 동기를 경쟁자로만 대하던 친구들은 동기 모임에도 나오지 않고 직장 생활을 외롭게 했다. 그들에게 직장은 오직 승진의 열매를 먼저 따먹어야 하는 정글에 불과했다. 그러나 끝까지 동기들을 친구처럼 여기던 사람들은 어려움이 있을 때 서로 도와주고 경조사를 챙기면서 동고동락했다. 처음엔 승진이 다소 늦은 듯 보였지만 세월이 흐르고 보니 별 차이가 없는 듯했다.

그러나 분명한 차이가 있었다. 어떤 사람은 전쟁터와 같은 정글에서 직장 생활을 했고, 어떤 사람은 서로 돕고 위하는 따뜻한 분위기에서 일했다는 것이다. 벌써 30년의 세월이 흘렀다. 우리 동기들은 아직도 만나고 있다. 서로 경조사를 챙기고 연말 모임도 갖는다. 함께 인생을 살아온 30년 친구가 되어 있다.

동기뿐만 아니다. 동료들을 경쟁자로 생각하고 적으로 여기는 사람들이 꽤 많다. 안타까운 일이다. 동료들을 적으로 여기는 순간, 직장 생활은 가시밭길이 되고 만다. 만약 어떤 사람이 다른 동료들을 적으로 간주하여 사사건건 견제한다면 어떻겠는가? 그는 매사 괴롭게 일할 수밖에 없을 것이다. 동료들의 지지와 도움도 받지 못할 것이다.

동료들을 밟고 넘어가야 하는 존재로 생각하면서 죽기 살기로 일하는 사람을 우리는 좋아하지 않는다. 인간미 없는 사람, 자기밖에 모르는 이기적인 사람으로 생각한다. 안 그래도 직장에선 힘든 일이 정말 많다. 그럴 때마다 주위에 적만 있다고 생각해보라. 그 어려움을 어떻게 헤쳐나가겠는가?

동료들을 한정된 승진 자리를 놓고 싸워야 하는 경쟁자로 생각하는 건 상대방이 가지면 나는 가질 수 없다는 빈곤의 심리에서 비롯된 것이다. 그러나 직장에는 승진 외에도 다른 것들이 많다. 동료들을 함께 성장하는 동반자로 여기는 풍요의 심리에서 보면 직장은 즐겁게 일하는 곳이 될 수 있다.

이는 살벌하고 치열한 협상의 세계에서 이미 증명되었다. 예전엔 자기가 더 많이 가질 수 있는 협상 기법을 연구했다. 협상 1.0의 시대다. 그러나 얼마 지나지 않아 사람들은 알게 됐다. 자신의 협상 기술이 뛰어날수록 자신과 거래한 상대방들은 손해를 봤고 그 거래는 오래 지속되지 못했다. 자신이 더 많이 가질수록 거래는 깨졌다. 그러면 자신은 또 새로운 거래처를 발굴해야 했다. 오히려 비용이 더 많이 들었다. 좀 더 많이 가지려 하다가 오히려 더 큰 손해를 보는 경우가 많았다. 배보다 배꼽이 더 컸다. 이래선 안 되겠다는 생각을 하게 되었고, 어떻게 하면 파이를 더 크게 만들어 서로 많이 가져갈 수 있을지를 고민하는 협상 2.0 개념이 탄생했다. 그러나 서로 많이 가지겠다는 생각은 없어진 게 아니어서 이 방식도 오래 지속되지 못했다.

지금은 협상 3.0의 시대다. 어느 한쪽이 더 많이 가지는 게 아니라, 서로 윈윈(win-win)할 수 있어야 거래가 오래 지속될 수 있다는 게 협상 3.0의 개념이다. 이처럼 협상의 세계에서도 거래 상대방은 적이 아닌 동반자라는 걸 알게 된 것이다.

거래 상대방이나 직장 동료는 엄연히 경쟁자인데 동반자라고 말하다니, 너무 순진하고 한가하다고 생각할지도 모르겠다. 오해할까 염려된다. 대부분의 거래처나 동료들은 경쟁자가 아니라 동반자라는 의미이지, 모든 사람들이 동반자라는 건 아니다. 그렇지 않은 사람들도 분명 있을 것이다.

하지만 그건 중요하지 않다. 상대방이 실제로 어떤지 우린 잘 모른다. 사실 그들이 경쟁자인지 동반자인지는 내가 결정한다. 내 마음속에서 그를 적으로 생각하면 그는 나의 적이다. 내 마음속에서 그를 동료로 생각하면 그는 나의 동료가 된다.

모든 사람을 경쟁자로 대하는 친구가 있다. 상하좌우 모든 사람들이 그에겐 적이다. 심지어 그는 아내와도 경쟁한다. 아내의 수입이 자기보다 더 많을 땐 우울하다고 한다. 자식이 너무 잘나도 의기 소침해지고, 친구가 승진을 빨리 하면 살맛이 나지 않는다고 한다. 그 친구 주변엔 자기보다 잘난 사람들이 많다. 그래서 그 친구는 인생이 정말 괴롭다.

'저런 나쁜 놈이 있나!'

'와우! 멋진 사람이네!'

실제로 상대방이 어떤 사람인지는 중요하지 않다.

다만 자신이 그렇게 마음먹는 순간, 그게 곧 자신의 진실이 된다.

'적은 실재하지 않는다. 내 생각이 적을 만들어낼 뿐이다. 적은 오직 내 마음속에 있다.'

큰 소리로
조용히 하라고 한다

얼마 전에 대학원 수업을 종강했다. 강의하면서 학생들에게 많이 배운다. 이번 학기에도 역시 학생들을 통해 많이 배웠다. 학생들은 수업에 반응하고, 난 그 반응을 통해 배운다. 학생들은 새로운 내용을 알려주면 눈이 초롱초롱 빛나기도 하고, 어떤 때는 고개를 끄덕이기도 하고, 이해가 가지 않는 대목에선 고개를 갸우뚱거린다. 그런 반응을 통해 학생들이 어떤 걸 알고 싶어 하는지, 어떤 내용에 만족하는지, 어떤 걸 받아들이지 못하는지 알게 된다. 학생들은 온몸으로 말한다.

'교수님, 이렇게 강의해주세요. 이런 식으로는 강의하지 말아주세요.'

학생들의 이런 반응이 내겐 귀중한 가르침이다. 앞으로 내가 어떻게 강의를 준비해야 하는지 이정표가 되기 때문이다.

유독 기억나는 학생이 있다. 이 학생은 수업에 열심히 참여했다. 결석도 하지 않았고, 질문도 많이 했다. 모르는 게 있으면 그냥 넘어가지 않았다. 아주 모범적인 학생이었다. 그런데 설명하면 잘 알아듣지 못했다. 난 여러 차례 반복해서 설명했다. 나중에 알고 보니 이 학생은 수업 내용을 몰라서 질문하는 게 아니라, 자기 생각과 다르면 잘 받아들이지 못해서 질문하는 거였다. 그런 줄도 모르고 난 똑같은 내용을 여러 번 반복해서 설명하는 열정을 보였다. 그 사실을 알고 난 다음부터는 그 학생이 질문하면 짜증이 났다.

나는 108배를 할 때 '108 대참회문'이라는 비디오를 틀어놓고 절한다. 그 비디오에는 도움 되는 가르침들이 있는 데다, 비디오를 따라서 절을 하면 힘이 덜 들기 때문이다. 며칠 전 비디오를 따라 절을 하다가 깜짝 놀랐다.

'고집스러운 사람에 대한 자비가 부족한 것을 참회합니다'라는 대목이 귀에 쟁쟁하게 들려왔다.

그랬다. 난 자비심이 부족했다. 그 학생이 고집스럽고 편협하다면서 짜증을 냈다. 나 또한 그 학생과 마찬가지로 다른 고집의 덫에 걸려 있었던 것이다. 그 학생이 왜 그렇게 생각하는지, 왜 잘 받아들이지 못하는지 이해하려고 노력하지 않았다. 그저 내 생각만 반복해서 전달하려 했을 뿐이다. 그러고는 고집스러운 학생이라고 몰아세웠다.

이 일을 계기로 '또 다른 고집'이란 생각이 떠올랐다. 많은 전문가들이 걸려 있는 덫이다. 칼럼을 쓰면서 이런 경험을 자주 한다. 어떤 주장을 반복적으로 하다 보면 자기도 모르게 자기주장에 확신을 갖게 된다. 확신 자체는 문제가 아니지만, 너무 지나쳐서 고집이 되면 문제가 심각해진다. 자기는 주장하면서 다른 사람의 주장은 무시하는 꼴이 된다. 이른바 큰 목소리로 '조용히 합시다!'하고 외치는 것과 같다.

한 분야의 전문가가 된다는 건 다른 분야에 대해선 그만큼 문외한이 된다는 것과 다르지 않다. 오른쪽으로 간다는 건 그만큼 왼쪽과는 멀어지는 것이다. 무언가를 정의한다는 건 다른 측면에서 보면 틀린 말이 된다. 어느 한쪽의 생각을 선택한다는 건 다른 쪽의 생각을 포기한다는 것과 같은 의미다.

고집스러운 사람에 대해 자비를 가지라는 건, 다른 측면에서 자신이 부리고 있는 또 다른 고집을 알아차리라는 뜻이다.

S기업 부사장에게 어떤 사람을 임원으로 승진시키는지 물어본 적이 있다. 싱거운 대답이 돌아왔다.

"역지사지할 줄 아는 사람입니다."

너무 뻔한 대답이 아니냐고 반문했더니 부사장은 손사래를 치며 말했다..

"사람들은 역지사지라는 말을 너무 쉽게 생각하는데 그게 그리 간단한 게 아닙니다. 임원들은 자기 분야에서 인정받은 전문가들입니다. 동시에 그게 바로 그들의 최대 약점인데 그걸 모릅니다. 자기 전문 분야 외에는 문외한인데 스스로 인정하지 않습니다. 자기 분야의 전문가인 것만 주장합니다. 다른 부서의 입장은 아랑곳하지 않습니다. 다른 부서의 업무에 대해선 잘 모르기 때문입니다. 이런 사람들이 갈등을 일으킵니다. 조직 성과를 해치는 주범이지요. 반면에 다른 부서의 입장을 잘 헤아리는 사람들은 갈등을 넘어선 더 좋은 방법을 찾아냅니다. 서로 다른 생각들을 모으고 조정해서 새로운 가치를 창조해나가는 것, 이게 바로 경영의 핵심입니다. 그러므로 역지사지할 줄 안다는 건, 갈등 조정을 넘어서서 창조적 경영 능력이 있다는 걸 의미합니다."

코칭을 하다 보면 자기주장이 강한 사람들을 만날 때가 있다. 이럴 때, 상대방의 입장에서 생각해보라고 하면 무척 불편해한다.

"내가 틀렸다는 겁니까?"

사람들은 역지사지라는 말에 거부감을 가지고 있다. 묘하게도 역지사지라는 말의 밑바탕에는 '당신이 틀렸다. 그러니 상대방의 입장에서 생각해보라'는 뉘앙스가 깔려 있기 때문이다. 역지사지를 해야 지혜가 생기는데 사람들은 역지사지라는 말을 좋아하지 않는다. 그래서 궁여지책으로 고안해낸 방법이 있다. 이른바 '오른쪽 질문과 왼쪽 질문'이다. 이렇게 묻는다.

"지금 당신의 주장이 오른쪽이라면, 왼쪽은 무엇일까요?"

"지금 생각이 왼쪽이라면, 오른쪽 생각은 무엇일까요?"

이 질문은 당신이 틀렸다는 것을 밑바탕에 깔고 있지 않다. 가치 중립적이다. 이 질문을 통해 많은 사람들이 관점을 전환하고 자기 고집의 덫에서 빠져나온다.

어느 한쪽의 주장은 다른 측면에서 볼 때는 또 다른 고집이다. 내가 주장하는 건 다른 측면에서 보면 언제든 틀렸다. 자기 생각만 언제나 옳다고 주장하는 건, 큰 소리로 조용히 하라고 외치는 것과 같다.

나도 지금 큰 소리로 조용히 하라고 외치는 것은 아닌지 염려된다. 108배 비디오의 구절을 다시 생각한다.

'고집스러운 사람에 대한 자비가 부족한 것을 참회합니다.'

반대 의견에
감사하기

강의 때 자주 하는 말이 있다.

"오늘 제 이야기에 고개가 끄덕여지거나 동의되는 부분이 있다면, 그건 자신이 잘하고 있는 거라 생각해도 좋습니다. 하지만 어! 저건 아닌데…… 저건 닭살이 돋는데…… 꼭 저렇게까지 해야 돼? 하는 게 있다면, 그건 자신의 약한 부분이라고 생각해도 좋습니다. 쉽게 동의되지 않는 부분이 바로 자신의 약점입니다."

강의를 마치고 질의응답을 할 때였다.

"강사님, 그건 너무 비현실적인데요. 나만 상대방에게 잘해주는 건 너무 억울하지 않습니까? 왜 나만 일방적으로 상대방에게 잘해 줘야 합니까?"

"사람이 왜 그렇게 부정적입니까? 실천해보지도 않고. 너무 부정적으로 생각하지 마시고, 한번 실천해보세요."

만약 이렇게 대답했다면 어찌 됐을까? 아마 그 수강생과는 불편한 관계가 됐을 것이다.

대화는 이렇게 진행됐다.

"억울하신가 보군요? 혼자 손해 보는 것 같은 생각이 드시는군요?"

"예. 억울합니다. 저 혼자 손해 보는 것 같습니다."

"선생님 말씀은 서로 배려하는 게 중요하다는 말씀이지요? 그래서 배려하지 않는 다른 사람들 때문에 속이 상하기도 하고, 살짝 억울하다는 말씀이지요?"

"그렇긴 한데요, 그래도 누군가는 먼저 배려해야 하니까 제가 먼저 하는 것도 꼭 억울한 것만은 아닌 듯싶네요."

강사가 수강생의 반대 의견에 어떻게 대처하는지에 따라 강의 분위기가 달라진다.

강의를 하다 보면 신경질에 가까울 정도로 불만을 토로하는 수강생들이 있다. 이들에게 대응하는 강사의 태도가 강의의 성과를 송두리째 결정한다.

나는 먼저 감사하다는 말로 대답을 시작한다.

"다른 사람들이 미처 생각하지 못한 면을 말씀해주셔서 감사합니다."

강사의 고맙다는 말은 강의실 분위기를 단박에 바꿔놓는다. 훈훈한 에너지가 흐르고, 질문했던 사람도 강사의 설명에 쉽게 동의한다. 이처럼 고맙다는 말은 정말 힘이 세다.

　L그룹 임원 그룹 코칭 때 제안했다.

　"내 의견에 반대하는 사람들에게 고맙다는 말을 먼저 합시다. 일단 고맙다는 말을 한 후에 내 의견을 말합시다."

　임원들은 닭살이 돋는다고 했다. 그러고는 절충안을 제안했다.

　"그 말도 일리가 있네! 그 생각 신선한데! 그렇게 생각할 수도 있구나! 하는 말을 먼저 하면 어떨까요?"

　나는 강하게 주장했다.

　"그 정도가 아니라, 아예 '고마워! 감사해!'라는 말을 먼저 합시다."

　임원들은 마지못해 실천하기로 했다. 2주일 후에 실천 소감을 나눴다.

　"'고마워, 감사해!'라는 말을 먼저 하니까 어땠나요?"

　임원들이 말했다.

　"고맙다는 말을 하는 순간, 나의 내면에서 내 의견도 틀릴 수 있다는 생각이 들었습니다. 그래서 상대방의 말을 더 잘 듣게 되었습니다. 직원들은 고맙다는 말에 어리둥절해하면서도 기분 좋아했습니다. 자기 의견에 고맙다고 하니까 직원들은 신이 나서 더 적극적으로 말하는 분위기가 생겼습니다. 무엇보다 좋았던 건 나 자신이 기분 좋게 대화할 수 있게 된 점입니다."

자기 의견에 반대하는 사람에게 고맙다는 말을 먼저 한 다음 자기 생각을 말하는 방식을 실천했던 임원들은 색다른 경험을 했다.

내 의견이 언제나 옳은 것도 아니고, 내 의견에 반대한다고 해서 나쁜 사람도 아니다. 더 엄밀하게 말하면, 내 의견도 언제든 틀릴 수 있다.

상사에게 반대 의견을 말하는 건 결코 쉽지 않다. 그럼에도 반대 의견을 말해주는 사람은 고마운 존재다.

그럴 때 고맙다고 말해주면 조직 분위기가 좋아지고 창의적인 아이디어가 더 많이 나온다. 조직에 생각의 자유가 흐르고, 조직이 역동적이고 활기를 띠게 된다.

S그룹 최 전무 이야기다. 최 전무는 리더십 평가에서 만점을 받았다. 직원들은 최 전무를 좋아한다. 최 전무와 대화하고 나면 기분이 좋아지고, 자신이 똑똑한 사람이라는 생각이 든다고 했다. 최 전무의 비결은 소통 방식에 있다.

최 전무는 다른 사람의 생각을 결코 틀렸다고 말하지 않는다. 얼마든 서로의 생각이 다를 수 있고, 서로 다른 생각에서 새로움이 창조된다고 믿는다. 최 전무는 소통이 서로 다른 생각의 차이를 확인하는 과정이라고 주장한다.

'당신 생각과 내 생각의 차이가 뭐지? 그 차이는 왜 생긴 거지? 그 차이를 어떻게 해결할 수 있을까?'

이게 최 전무의 소통 방식이다.

'반론이 없다는 건 열정이 없거나, 지혜가 없거나, 자유가 없는 것이다. 자기 생각이 언제나 옳다고 생각하는가? 그렇다면 함정에 빠져 있는 거다. 자기 생각을 버릴 수 있어야 발전한다. 조직은 서로 다른 생각들이 부딪히며 새로움을 창조하는 곳이다. 서로 다른 생각들을 얼마든지 말할 수 있는 자유로운 분위기여야 한다. 서로 다른 생각이 자유롭게 흐를 수 있어야 한다. 서로 다른 의견을 말하는 사람들에게 진심으로 감사하자.'

최 전무의 말처럼, 상사가 흔쾌히 반대 의견을 받아들일 수 있어야 서로 다른 생각들이 자유롭게 교환된다. 이때 비로소 창의성이 생긴다. 창의성이란 기존의 생각을 다르게 조합하고 배열해서 나타나는 새로운 생각이다. 반대 의견이 자유롭게 부딪힐 수 있어야 비로소 창의적인 조직이 될 수 있다.

조직에 반대 의견이 있다는 건 조직이 발전할 가능성이 있다는 거다.

"쟤, 왜 저래?"

"저 친구는 항상 불평불만이야!"

"저 친구는 매사에 부정적이야!"

직장에서 흔히 하는 말들이다. 이런 말들은 직원들의 다양한 생각을 죽인다. 이런 말을 들으면 직원들은 결코 반대 의견을 말하지 않는다. 예스맨이 되거나 아무 말도 하지 않는다. 능동적으로 생각하지 않고 수동적으로 시키는 일만 하게 된다. 조직의 창의성이 죽을 뿐만 아니라 직원들의 역량도 함께 죽는다.

모든 의사 결정에는 양면성이 있다.

'반대 의견은 다른 측면을 살펴보게 해주는 시각이다.'

'반대가 언제나 옳은 것은 아니지만, 언제나 틀린 것도 아니다.'

'반대는 오른쪽을 검토했으면 왼쪽도 검토하는 지혜로운 관점이 될 수도 있다.'

반대를 묵살하거나 비난하지 않고, 반대 의견에 대해서도 충분히 검토하는 과정을 통해 직원들의 역량이 계발된다.

그러므로 반대 의견을 주고받는 것은 조직의 역량이 계발되는 과정이다.

상사가 직원들의 반대 의견을 흔쾌히 들어줄 때 직원들은 자존감이 높아지고 더욱 능동적으로 생각하게 된다.

다시 한 번 강조한다. 조직에서 상사의 의견에 반대하기는 쉽지 않다. 그럼에도 불구하고 반대 의견을 말하는 직원은 고마운 사람이다. 직원의 반대 의견은 상사가 미처 생각하지 못한 것을 생각하게 해주는 계기가 될 수 있다.

일단 반대에 감사하고, 충분히 검토한 후에 반대 의견을 받아들일 수도 있고 받아들이지 않을 수도 있다.

상사는 직원들의 반대 의견에 감사한 마음을 충분히 표현해야 한다. 그래야 반대 의견이 자유롭게 나온다. 상사는 반대 의견을 통해 위험에서 벗어날 수도 있고, 새로움을 창조할 수도 있다.

반대 의견은 언제나 고마운 것이다. 직원들의 반대 의견에 진심으로 감사하자. 직원이 불평한다면 더욱더 감사하자. 반대 의견에 반응하는 상사의 태도가 조직의 창의성을 결정한다.

'당신은 어떤가? 부하의 반대 의견에 어떻게 반응하고 있는가?'

마음을 얻는
대화법

'임원의 자기 혁신'이라는 주제로 강의했다. 강의가 끝난 후 어떤 임원이 물었다.

"왜 임원들에게만 교육합니까? 직원들도 교육해야 하는 거 아닙니까?"

웃으면서 그분에게 물었다.

"억울하십니까?"

그분은 큰 소리로 대답했다.

"예!!!"

강의실이 한순간 웃음바다가 됐다.

'왜 나만 교육받아야 하는가? 상대방도 받아야 하는 거 아닌가?'

억울하다는 생각이 밑바닥에 깔려 있다.

코칭을 시작하기 위해 H임원의 상하좌우 사람들을 인터뷰했다. 가슴이 답답했다. 10년 넘게 코칭하면서 주변 사람들에게 이 정도로 혹평받는 사람은 처음이었다. H임원은 열정이 넘치고 애사심도 충만했다. 그 점에 대해선 주변 사람들도 모두 인정했다. 문제는 방식이었다. 자기 생각과 다른 주장을 하는 부하들에겐 화를 내고, 동료들은 무시하고, 상사에겐 끊임없이 설득한다고 했다. 자기 생각을 바꾸는 법이 없다고 했다. 주변 사람들은 H임원 때문에 직장 생활이 너무 힘들다고 했다. 특히 부하 직원들 중엔 스트레스를 견디기 힘들어 회사를 그만두는 사람도 있다고 했다.

불교에서는 인간에겐 탐진치(貪瞋癡) 세 가지 독이 있다고 한다. 그중 하나가 치심(癡心)이다. 자기 생각만 옳다고 생각하는 어리석음이 치심이다. 치심은 그냥 어리석음이 아니라 지옥에 떨어지게 하는 독이다. 자기만 옳다는 생각은 '불통'을 넘어 '죄악'이라는 게 석가모니의 가르침이다.

사람들은 누구나 자기의 가치관과 신념대로 살아간다. 그리고 사람들의 가치관과 신념은 서로 다르다. 살아온 환경, 성별, 나이, 종교, 나이 등에 따라 천차만별이다. 자기 입장에서 보면 자기 생각이 항상 옳을 수밖에 없다.

내 입장에선 내가 옳고 상대방의 입장에선 상대방이 옳을 수밖에 없다. 그래서 언제나 충돌하기 쉽다. 조직은 서로 다른 생각을 가진 사람들이 모여 함께 의논하고 해결책을 찾고 구체적인 활동을 하는 곳이다. 그래서 항상 갈등이 일어날 수밖에 없다.

평가 공정성을 주제로 사람들을 인터뷰했다.

"당신 조직의 평가는 얼마나 공정합니까?"

결과는 놀라웠다. 자기에게 좋은 점수를 주면 공정하고, 자기에게 나쁜 점수를 주면 공정하지 않다고 대답했다. 자신의 입장에 따라 공정의 기준이 서로 달랐다. 그렇다면 해결책은 없는 걸까?

평가가 공정하지 않다고 생각하는 사람들을 대상으로 실험을 했다. 자기를 제외한 다른 사람들에 대해 평가해보라고 했다. 자신이 상사라면 어떻게 평가하겠는지, 자료를 주고 평가를 요청했다.

결과는 예상대로였다. 평가가 불공정하다고 말하던 사람들의 평가 결과가 상사가 평가한 것과 거의 같았다. 자신을 제외하고, 다른 사람들을 평가하니까 같은 결과가 나온 거다. 이유는 역지사지다.

역지사지란 내 입장을 벗어나 상대방의 입장에서 생각하는 것이다. 결코 쉽지 않다. 어쩌면 절대 안 될 수도 있다. 그러나 도리가 없다. 자신의 입장에서 벗어나지 않으면 상대방의 입장을 이해할 수 없기 때문이다. 함께 살아가는 세상, 함께 일하는 조직에서 조화롭게 살아가는 방법은 자신의 입장에서 벗어나 생각하는 것 외에는 별다른 도리가 없다.

다른 사람의 경험을 존중해주는 것을 공감이라고 한다. 공감과 역지사지는 모두 내 입장에서 잠시 벗어나 상대방의 입장에서 생각하는 것이다.

"네가 그렇게 생각했다면 섭섭했겠다."

"네가 그렇게 생각했다면 열 받았겠다."

"네가 그렇게 생각했다면 신났겠다."

선배 남 코치의 대화 방식이다.

'네가 그렇게 생각했다면 ~했겠다.'

절묘한 대화법이다. 자기 생각을 유지하면서 상대방의 생각도 존중하는 대화법이다. 역지사지 대화법이다.

'저 친구 왜 저래?'

상대방에게 기분 나쁘면 마음속으로 이렇게 생각한다. 그런데 이건 해결책이 아니다.

'왜 저 친구에게 기분 나쁘지? 기분 나쁜 이유가 뭐지? 나는 왜 이렇게 생각하지? 내가 이렇게 생각하는 근거가 뭐지?'

이렇게 자신에게 스스로 묻는 게 문제 해결의 출발이다. 자기 입장을 먼저 살펴봐야 한다. 그리고 관점을 바꿔 상대방 입장에서 생각하는 것이다.

'저 친구는 지금 기분이 어떨까?'

자기 관점에서 상대방 관점으로 생각을 돌리는 것, 이게 바로 역지사지다. 상대방의 마음을 얻는 대화법이다.

역지사지, 그거 별거 아니다. 세 살 먹은 아이도 안다. 그러나 정말 어렵다. 여든 넘은 노인도 실천하기 어렵다.

가르치지 않으면서
가르치기

참선할 때 생각을 집중하는 주제를 화두라고 한다. '이 뭣고?'가 대표적 화두다. 앉으나 서나, 자나 깨나, 밥을 먹을 때도, 잠을 잘 때도 오직 '이 뭣고'라는 화두에 집중한다. 집중을 거듭하다 보면 어느 날 홀연 깨달음을 얻는다고 한다.

이 방식을 코칭에 적용했다. 상대방이 물었다.

"어떻게 하면 최고의 리더가 될 수 있을까요?"

최고의 리더가 어떤 의미인지, 최고의 리더가 되면 어떤 좋은 점이 있는지 등 여러 갈래의 대화를 나누었다.

내가 제안했다.

"2주일 뒤에 만날 때까지 '어떻게 하면 최고의 리더가 될 수 있을까?'라는 주제를 한시도 잊지 말고 집중해보면 어떨까요? 아침에 눈뜨자마자 '어떻게 하면 최고의 리더가 될 수 있을까?'라는 생각으로 시작해서 출근할 때도, 회의할 때도, 점심 먹을 때도, 저녁에도, 다른 모임에 갔을 때도 한시도 잊지 않고 이 주제에 몰입하는 겁니다."

상대방은 제안을 받아들였다. 2주 후에 놀라운 일이 일어났다. 이분은 질문에 몰입했다. 시도 때도 없이 자신에게 물었다. 회의할 때도 '최고의 리더는 이럴 때 어떻게 할까?' 하며 자신에게 물었고, 복도에서 직원들을 마주칠 때도 자신에게 물었다.

짜증 나는 피드백을 해야 할 때도 자신에게 물었고, 어려운 프로젝트를 수행하면서도 질문에 몰입했다. 그러다가 자신이 이미 최고의 리더처럼 행동하고 있다는 걸 발견했다. 짜증이 없어졌고, 화내는 것도 사라졌다. 오직 질문만 했을 뿐인데, 자신이 이미 그렇게 행동하고 있는 걸 보면서 짜릿한 쾌감을 느꼈다고 했다. 질문에 집중하니까 스스로 답을 찾고, 이미 그렇게 행동하고 있었다.

또 물었다.

"당신은 최고의 아버지입니까?"

그분은 즉시 대답했다.

"아닙니다."

최고의 아버지가 무슨 뜻인지, 어떻게 해야 하는지, 그렇게 되면 어떤 점이 좋은지 등 한참 동안 '최고의 아버지'를 놓고 대화를 나누었다. 그리고 요청했다.

다음에 만날 때까지 '어떻게 하면 최고의 아버지가 될 수 있을까?'라는 질문에 몰입하자고.

이번에도 효과는 놀라웠다. 아이들에게 잔소리하지 않는 아버지, 믿고 기다려주는 아버지, 존중하는 아버지 등 자신이 되고 싶은 아버지의 모습으로 변해가고 있는 걸 확인했다고 했다. 마치 자동항법장치에 의해 비행기가 날아가는 것처럼, 자신도 질문이라는 자동항법장치에 의해 그렇게 살아가고 있는 걸 느꼈다고 했다. 질문이 곧 답이었다.

모 교육청의 요청으로 '교사의 리더십'이라는 주제로 강의한 적이 있다. 교사들은 가르치는 데 전문가들이다. 이들에게 어떤 내용으로 강의를 해야 할지 고민됐다. 그래서 질문을 몇 개 만들었다.

'여태까지 만났던 교사들 중에서 닮고 싶은 분은 누구입니까?'

'그분의 어떤 점을 닮고 싶습니까?'

'여태까지 만났던 교사들 중에서 최악의 사람은 누구였습니까?'

'그분의 어떤 점이 나빴나요?'

'정년 퇴임 할 때 학생, 후배 교사, 학부모들에게 어떤 선생님으로 기억되고 싶은가요?'

'교사로서 자랑스러운 것은 무엇인가요?'

'꼭 실천해보고 싶은 것은 무엇입니까?'

질문에 대해 선생님들이 서로 토론하고 정리하는 방식으로 강의를 진행했다.

'선생님은 이래야 됩니다, 저래야 됩니다' 하는 등의 말은 일절 하지 않았다. 오로지 질문만 했다.

강의를 마칠 때 선생님들이 말했다.

"오늘 좋은 것 많이 배웠습니다. 스스로를 돌아보는 좋은 시간이었습니다."

나는 가르친 게 아무것도 없었다. 그저 질문만 했을 뿐이다.

코치는 질문으로 먹고산다. 질문을 통해 상대방이 원하는 걸 찾게 해준다. 질문으로 코칭을 시작한다.

"어떤 내용으로 코칭받고 싶은가요?"

상대방의 대답을 깊이 있게 듣고, 거기서 또 질문을 찾아낸다.

"지금 말씀하신 내용이 잘 해결되면 무엇이 좋은가요? 그게 당신에겐 어떤 의미가 있습니까?"

질문하고 경청하는 과정을 통해 원하는 걸 명확히 하고 해결 방법을 찾아내는 게 코칭이다. 코칭은 뭔가를 가르치는 게 아니다. 질문을 통해 스스로 깨닫게 한다. 그런데 코칭을 마칠 때 사람들은 잘 배웠다고 말한다. 이처럼 '가르치지 않으면서 깨닫게 하는 것'이 질문이다.

사람들이 묻는다.

"어떻게 하면 질문을 잘할 수 있을까요?"

물론 질문에도 기술이 있다. 많이 훈련해야 한다. 그러나 코칭을 직업으로 하는 전문가가 아니라면 질문 방법은 간단하다. 자신이 원하는 게 무엇인지 스스로에게 질문하는 것이다.

'내가 진정으로 원하는 게 뭐지?' 하고 스스로에게 묻는 것이다. 그리고 상대방에게 명령하고 싶은 게 있을 때, 그걸 질문으로 바꾸면 된다.

A그룹의 정 상무가 말했다.

"제가 질문의 기술에 관련된 책을 읽다가 깨달은 게 있습니다. 간단합니다. 어떤 질문을 할지를 고민하는 게 바로 질문의 기술입니다. 고민의 깊이가 질문의 깊이입니다."

놀랍다. 촌철(寸鐵)이다. 그렇다. '이럴 땐 어떤 질문을 하지?' 하고 고민하는 게 바로 질문의 핵심이다. 그렇게 되면 내면의 모든 것이 질문에 집중한다. 질문에 반응한다. 질문은 자신이 원하는 것을 찾아가는 자동항법장치가 돼준다. 질문은 스스로 답을 찾는다. 따라서 질문만 잘하면 된다.

법륜스님의《지금 여기 깨어있기》에서 본 내용이다.

스님이 고등학생 때였다. 절에 갔는데 주지 스님이 물었다.

스님: 너, 어디에서 왔니?

고등학생: 집에서 왔습니다.

스님: 집에서 오기 전에는 어디에서 왔니?

고등학생: (질문과 대답이 이어지다가…… 결국) 엄마 배 속에서 왔습

니다.

　스님: 엄마 배 속에서 오기 전에는 어디에서 왔니?

　고등학생은 대답하질 못했다. 그러나 스님은 아랑곳하지 않고 또 물었다.

　스님: 너, 지금 어디 가니?

　고등학생: 학교에 공부하러 갑니다.

　스님: 학교에 공부하러 간 후에는 어디 가니?

　고등학생: 집에 갑니다.

　스님: 집에 간 후에는 어디 가니?

　고등학생은 또 대답하질 못했다. 스님이 호통쳤다.

　"어디에서 온 줄도 모르고, 어디로 가는 줄도 모르는 놈이 뭘 그리 허둥거리며 가느냐?"

　스님의 호통이 고등학생의 가슴에 계속 남았다.

　'어디에서 온 줄도 모르고, 어디로 가는 줄도 모른다?'

　얼마 후 고등학생은 이 질문에 대한 답을 구하기 위해 출가를 결행했다.

　어떤 질문을 하고, 어떤 질문에 대답하는지에 따라 인생이 달라진다.

　석가모니가 말했다.

　"사람의 마음은 그가 자주 생각하는 것을 향해 움직인다. 자신이 생각하는 대로 된다."

질문하는 곳으로 에너지가 흐르고 생각이 움직인다. 질문은 자동 항법장치다.

자신에게 어떤 질문을 하고 있는가? 그 질문에 대한 자신의 대답이 바로 당신의 미래 모습이다.

질문하는 능력이
리더의 실력이다

어느 늦가을에 아차산 등산을 갔다. 날씨도 좋고 사람들도 많았다. 아차산은 비교적 쉬운 코스여서 남녀노소 등산객이 많았다. 앞서거니 뒤서거니 걷는 중에 대여섯 살 정도 되어 보이는 사내아이가 엄마에게 물었다.

"엄마, 지금 소리 들리는 게 매미 우는 소리 맞아?"

"응."

"엄마, 매미는 여름에 우는 게 맞지?"

"그래."

"엄마, 지금 가을이지?"

"그래."

"근데 왜 지금 매미가 있어?"

엄마는 순간 당황한 듯했다. 내 직업적 본능이 발동했다. 엄마가 과연 어떻게 대답할지 궁금했다. 얼른 뒤쫓아가서 엄마의 대답을 기다렸다.

"시끄러워! 힘들어 죽겠는데 쓸데없는 소리 하지 말고 빨리 올라가자!"

뒤통수를 맞은 듯했다. 올라가면서 곰곰이 생각했다.

'내가 엄마였다면 어떻게 대답했을까?'

나도 뾰족한 대답이 생각나지 않았다.

기껏해야 드는 생각이 '너 매미에 관심이 많구나', '그러네. 지금이 가을인데 아직 매미가 있네', '너는 왜 그렇다고 생각하니?' 정도였다.

아이들은 호기심이 많다. 끊임없이 어른들에게 묻는다.

"바다가 왜 파래요?"

"비둘기는 왜 말을 못해요?"

"왜 물건을 살 때 돈을 줘야 돼요?"

"아이는 어떻게 태어나요?"

"나는 어떻게 태어났어요?"

대부분 어른들이 귀찮아하는 질문들이다(사실은 답을 모른다). 그래서 어른들은 핀잔을 준다.

"쓸데없는 소리 하지 말고 저리 가!"

아이들은 이런 과정을 통해 호기심이 죽는다. 그리고 알게 된다.

'질문하면 혼나는구나……'

그래서 철이 들기 시작하면서 질문을 하지 않게 된다.

석사과정에 있는 제자가 찾아와 물었다.

"교수님, 제가 결혼하려고 하는데 뭘 준비해야 할까요?"

제자에게 물었다.

"왜 결혼하려고 하는데?"

제자는 머뭇거렸다. 계속해서 물었다.

"뭘 얻으려고 결혼하는데?"

제자는 화가 난 듯 대답했다.

"교수님, 성스러운 결혼을 너무 비하하는 거 아닙니까? 뭘 얻으려고 결혼하다니요? 사랑하기 때문에 결혼하는 거지요?"

다시 물었다.

"결혼하면 너는 상대방한테 뭘 해줄 건데? 상대방에겐 뭘 바라는데?"

씩씩거리던 제자는 차분하게 생각에 잠겼다.

'결혼하면 총각 때 하던 행동 중에서 무엇을 하지 말아야 할까?'

'결혼하면 총각 때 하지 않던 것 중에서 새롭게 해야 하는 게 뭘까?'

'결혼하면 뭘 얻고 뭘 포기해야 할까?'

제자는 시무룩한 얼굴로 돌아갔다. 옆에 있던 친구에게 핀잔을 들었다.

"너는 왜 멀쩡한 친구를 망가뜨리니? 그 친구 겁이 나서 어디 결혼하고 싶겠니?"

그 제자는 지금 결혼해서 잘 살고 있다. 내가 했던 일련의 질문들을 생각하며 결혼에 대해 진지하게 정리할 수 있었다고 했다. 제자는 훨씬 성숙하게 결혼을 준비했다. 나는 절대 고춧가루를 뿌린 게 아니다.

제자에게는 자신이 결혼에 대해 어떤 가치관을 가지고 있으며, 결혼을 통해 무엇을 이루고자 하는지, 왜 결혼하려 하는지에 대해, 자신의 무의식에 내재된 생각을 살펴보는 소중한 기회가 됐다.

"어떻게 코치가 되셨습니까?"

나는 이 질문을 받으면 주체하기가 어렵다.

이 질문을 받으면 하고 싶은 말이 정말 많다. 마치 봇물이 터진 것처럼 말을 많이 한다. 대답하면서 신이 난다. 직장을 그만둔 이야기도 해야 되고, 어떻게 어렵게 공부했는지도 말하고 싶고, 어떤 성장이 있었는지도 알려주고 싶다. 내게 이 질문을 하려면 상대방은 적어도 한 시간 이상의 여유를 가지고 묻는 게 좋을 거다.

중소기업 사장들에게 '어떻게 사업을 시작하셨습니까?' 하는 질문도 봇물 터지게 한다. 중소기업 사장들을 인터뷰할 때는 몇 가지 질문만 준비하면 된다. 나머지는 본인이 모두 말한다. 그들이 정말 말하고 싶은 것들을 묻기만 하면 된다.

'어떻게 사업을 시작하셨습니까?'

'사업을 하면서 어떨 때 보람을 느낍니까?'

'사장님 회사는 세상에 어떤 기여를 하고 있습니까?'

'큰 고비를 겪었을 때는 언제였습니까?'

'성공 스토리를 책으로 낸다면 어떤 내용일까요?'

'직원들과 자녀들에게 물려주고 싶은 것은 무엇입니까?'

이 질문들에 대한 대답을 모두 듣고, 반응하고, 공감하려면 적어도 세 시간 이상 필요하다. 이 질문들은 상대방이 하고 싶은 말, 자랑하고 싶은 말, 보람을 느끼는 말, 무용담 등을 묻고 있다. 좋은 질문은 상대방이 말하면서 신이 나고, 계속 말하게 만든다.

새로운 조직에 리더로 부임할 때 많은 사람들이 곤란을 겪는다. 처음엔 의욕에 넘쳐 말한다.

"여러분이 지금까지 해오던 방식은 모두 잊으세요. 이제 모든 것을 바꾸겠습니다. 변화하지 않으면 도태할 수밖에 없습니다."

이렇게 말하고 나면 30분도 지나지 않아 전임자에게 이 소식이 전해진다.

"팀장님, 새로 온 팀장이 여태까지 우리가 엉터리로 일했다고 하는데요. 마누라하고 자식 빼곤 모두 바꾸겠다고 하네요."

이렇게 되면 전임자와 관계가 나빠질 뿐만 아니라 앞으로 함께 일해야 할 직원들과의 관계도 좋아질 가능성이 매우 낮다. '바꾸라,

변화하라'는 말에는 '지금은 모두 엉터리'라는 전제가 깔려 있기 때문이다.

처음 부임하자마자 전임자와 구성원들을 적으로 만드는 바보 같은 짓을 하면 안 된다. 묘수가 있다. 질문하면 된다.

- 여태까지 우리 조직이 잘했던 게 뭔가요?
- 그동안 잘하려고 했지만 아쉬운 점이 있다면 뭔가요?
- 앞으로 더 잘해보고 싶은 건 뭔가요?
- 우리 조직에 대해 나에게 더 알려주고 싶은 건 뭔가요?
- 내가 리더로서 꼭 해주기를 바라는 건 뭔가요?
- 내가 리더로서 절대 하지 말았으면 하는 게 있다면, 뭔가요?

처음 부임하자마자 잘 알지도 못하면서 이래라저래라 하는 건 하수들이 하는 행동이다. 잘못하면 무식이 탄로 날 수 있고, 전임자와의 관계가 악화될 수 있으며, 구성원들에게도 환영받지 못할 수 있다. 이때는 그냥 우아하게 질문하면 된다. 이 질문들은 조직의 상태와 구성원들의 생각, 의욕, 열정, 태도 등에 대해 있는 그대로 알게해주는 위력을 발휘한다.

언제 어디서 어떤 질문을 해야 하는지에 따라 모든 게 달라진다. 피터 드러커는 '과거의 리더는 지시하는 리더였지만 미래의 리더는 질문하는 리더'라고 했다. 이 말을 이렇게 바꾸는 게 더 좋을 듯싶다.

'미래의 리더는 질문을 고민하는 리더다.'

언제, 어떤 질문을, 어떻게 하는지가 리더의 실력이다.

'당신은 어떤가? 어떤 질문을 하고 있는가?'

생각의 속박을
털어내는 법

대학병원 의사들의 72시간을 밀착 취재한 〈다큐멘터리 3일〉을 봤다. 대학병원 의사들이 그렇게 고생하는 줄 몰랐다. 의사들은 고생을 하더라도, 환자가 회복되면 무척 기분 좋고 보람을 느낀다고 했다.

그중 한 사람의 말이 가슴에 남는다.

"저는 환자들이 고맙다고 해도 즐겁지 않습니다. 환자가 회복되어 속으로는 기쁘지만 겉으론 무덤덤한 표정을 지으려고 노력합니다. 어느 순간 다시 나빠질지 모르기 때문입니다."

환자의 모든 순간을 책임지려고 하는 의사의 자세가 느껴졌다. 그러나 한편으론 내일 불행할지도 모르기 때문에 오늘 행복을 즐길 수 없다는 아이러니로 들렸다.

올림픽대로를 달리고 있는데 갑자기 차가 끼어들었다. 급정거를 했다. 차가 심하게 쏠렸다. 자칫하면 뒤차와 부딪칠 뻔했다. 다행히 사고는 나지 않았다.

'뭐, 저런 사람이 다 있어!'

'왜 운전을 저따위로 하는 거야!'

한참 동안 화를 내고 있는데, 옆자리에 앉아 있던 친구가 말했다.

"그 차는 벌써 가고 없는데, 너만 아직도 그 차에 붙잡혀 있네!"

머리가 띵했다. 친구의 말에 화가 났지만 맞는 말이었다. 그 차는 벌써 지나가고 없는데 나 혼자서만 그 차에 붙잡혀 있었다.

경허스님의 일화가 생각났다. 경허스님이 제자와 함께 길을 걷고 있었다. 개울을 건너려 하는데 처자 한 명이 발을 동동 구르고 있었다. 장마철이라 물이 넘쳐서 개울을 건너기가 어려웠다. 경허스님이 처자에게 물었다.

"제가 업어서 개울을 건너드릴까요?"

처자는 수줍어하다가 결국 스님 등에 업혀 개울을 건넜다. 그리고 한참을 걸어가다 제자가 경허스님에게 따졌다.

"스님, 출가 수행자의 몸으로 여색을 멀리해야 하거늘, 어찌 스님께서는 아녀자를 업고 개울을 건넌단 말입니까?"

경허스님이 호통쳤다.

"이놈아, 나는 벌써 그 처자를 내려놓았거늘, 너는 아직도 그 처자를 업고 있느냐?"

생각을 꽉 붙잡고 있으면 문제가 생긴다. 상사가 나를 괴롭히는 것 같고, 동료가 나를 무시하는 것 같다. 이런 생각에 오랫동안 사로잡혀 있으면 그 생각은 더욱 강화된다. 그리고 실제로 그런 관계가 되어버린다. 자기 생각이 자신에겐 그대로 현실이 되어버린다.

'한번 떠오른 생각은 절대 변하지 않는가?'

'그 생각은 언제나 진실인가?'

'무심코 떠오른 생각이라도 한번 떠올랐다면 변하지 않는가?'

'상대방에게 섭섭한 마음, 기분 나쁜 감정이 생겼다면 그건 언제나 진실인가?'

그렇지 않다. 자기 생각을 너무 믿지 말자. 생각은 시시각각 변한다. 오죽하면 하루에도 오만 가지 생각을 한다는 말이 있겠는가? 지금 떠오른 생각은 오만 가지 중 하나다. 이렇듯 변화무쌍하게 변하는 생각을 꽉 잡고 있으면 문제가 생긴다. 스트레스가 생겨 몸과 마음이 망가진다. 마치 흐르는 물을 억지로 가두어놓으면 썩는 것과 같다.

직장 생활은 자기 생각을 강화하는 훈련장이다. 하루 종일 자기가 보고 들은 걸 믿는다. 하루 여덟 시간, 주 5일, 한 달, 1년, 10년 이상 차곡차곡 쌓는다. 혼자 경험하고 혼자 결정하면서 고집불통이 되어간다. 매일 이렇게 쌓기만 하다간 큰일 난다. 매일 쌓인 먼지는 매일 털어내지 않으면 안 된다. 하루 여덟 시간 쌓았다면 적어도 하루 한 시간 이상은 털어내야 한다. 마찬가지다. 직장에서 하루 종일 자기 생각을 강화시켰다면 유연하게 풀어줘야 한다. 생각의 먼지를 털어내고, 기분의 먼지를 털어내야 한다.

'열심히 일한 당신, 떠나라!'

오래전 광고 카피다. 많은 사람들의 공감을 얻었다. 이 말을 이렇게 바꾸고 싶다.

'매일 열심히 일한 당신, 매일 열심히 놀아라. 매일 열심히 즐겨라!'

하루 종일 열심히 일한 후에 하루의 스트레스를 어떻게 털어내는가? 언제 재충전하는가? 재충전은 거창한 게 아니다. 몸과 마음의 긴장을 털어내는 게 재충전이다. 어떤 사람은 음악을 들으면서 재충전한다. 음악을 들으면서 '저 나쁜 놈! 저 고약한 놈!'에 묶여 있는 생각을 털어낸다.

어떤 사람은 걸으면서 재충전한다. 걸으면서 자기 생각에 갇혀 있던 마음을 풀어준다. 터벅터벅 걸으면 뇌가 자극되어 머리가 시원해지고 건강도 좋아진다는 건 이미 알려진 사실이다. 사우나를 해도 좋다. 책을 읽어도 좋고, 수다를 떨어도 좋다. 어떤 방법이든 몸을 자극하고 생각을 자극해서 긴장으로부터 벗어나는 게 바로 재충전이다.

노래하고 춤추고, 그림 그리고, 달리고, 사우나를 하고, 연극 관람을 하는…… 이 모든 게 재충전 방법이다. 재충전은 미루면 안 된다. 매일 해야 한다. 오늘 재충전하지 못하면 내일도 재충전하기 어렵다. 재충전은 매일 습관처럼 해야 한다. 매일 열심히 일했으면 매일 놀아야 한다. 노는 것을 내일로 미루면 안 된다.

한동안 월요일 아침마다 설사를 했다. 월요병이었다. 새롭게 일을 시작하는 월요일이 부담됐다. 부담은 설사로 이어졌다. 몸과 마음이 피폐할 즈음에 단전호흡을 배웠다.

'의식을 단전에 집중하면서 천천히 숨을 들이쉰다. 깊이 들이쉰다. 잠시 숨을 멈춘다. 천천히 내쉰다. 깊이 내쉰다. 온 정신을 단전에 집중한다.'

단전호흡을 하면서 마음이 편안해지고 몸도 건강해졌다. 그리고 내가 어떤 생각을 하고 있는지 선명히 알게 됐다. 내가 뭘 두려워하는지, 왜 두려워하는지도 알게 됐다. 나의 두려움은 더 잘하고 싶은 욕구의 다른 표현이었다. 뭔가를 잘하고 싶을 때 제일 먼저 두려움이 느껴졌다. 잘하고 싶은 욕구가 클수록 두려움도 그만큼 더 커졌다.

반대로 잘하고 싶은 욕구가 없을 땐 그게 아무리 큰 일이라 해도 두려움이 느껴지질 않았다. 매일 단전호흡을 하다 보니 설사도 없어지고 몸이 건강해졌다. 마음도 편안해졌다. 나에겐 단전호흡이 재충전 방법이었다.

코칭을 받은 사람들이 말한다.

"코치님의 질문에 대답하다 보니, 불안한 마음이 없어졌습니다."

사람들이 불안하다고 말할 때 묻는다.

"그렇게 불안을 느끼는 이유가 뭡니까?"

대답은 거의 똑같다. 잘못될까 봐 두렵다는 거다. 말을 뒤집으면 잘되고 싶다는 거다. 그러니까 두려움을 느낀다는 건 더 잘하고 싶다는 의미다.

'무엇이 마음을 불안하게 하는가? 무엇이 그토록 힘들게 하는가?'

모든 건 자기 생각의 속박 때문이다. 자기 생각 때문에 불안하고, 자기 생각 때문에 힘들다. 그러므로 자기 생각을 유연하고 부드럽고 포용력 있게 만들지 않으면 문제가 생긴다. 몸과 마음의 병이 동시에 생길 수 있다. 생각의 고착은 언젠가는 문제를 일으키고 만다. 어떤 형태로든 매일 쌓아놓은 자기 생각의 속박을 털어내야 한다. 자기 생각의 속박을 털어내는 방법이 재충전이다.

몸과 마음은 하나로 연결되어 있다. 몸의 재충전, 마음의 재충전, 어느 하나라도 소홀히 하면 문제가 생긴다. 몸이 건강하지 않으면 생각이 건전할 수 없고, 생각이 나약하면 몸도 나약해진다.

'어떤가? 당신은 어떤 재충전 방법을 가지고 있는가? 매일 어떻게 재충전하고 있는가? 생각의 속박을 어떻게 털어내고 있는가?'

협업은
선택이 아니라 필수다

"당신이 지금 자리보다 더 승진해야 하는 이유 세 가지를 말해주세요."

'임원의 자기 혁신'이라는 주제로 강의할 때 했던 질문이다.

임원들은 당황한 모습이었다.

또 질문했다.

"얼마나 바쁜가요?"

임원들은 정신을 못 차릴 정도로 바쁘다고 했다. 내가 말했다.

"그렇다면 여러분은 지금 위험에 빠져 있습니다. 뭔가 놓치고 있을 가능성이 높고, 꼭 챙겨야 할 걸 빼먹고 있을 가능성이 있습니다."

또 물었다.

"주로 무얼 하는 데 시간을 사용하나요? 불 끄기? 땜빵? 사고 처리……?"

이제 막 승진한 임원들에게 말했다.

"여러분들은 지금 위험에 처했습니다."

축제 분위기에 젖어 있던 신임 임원들은 어리둥절해했다.

계속 물었다.

"여러분은 어떤 역할을 잘해서 임원이 되었나요? 임원 역할을 잘해서 임원이 된 겁니까? 아니면 부장 역할을 잘해서 임원이 된 겁니까?"

임원들의 표정이 굳어졌다.

"여러분은 지금까지 부장 역할을 잘해서 임원이 된 겁니다. 임원 역할은 이제 처음입니다. 지금까지 일하던 방식을 버리지 않으면 위험합니다. 그게 바로 여러분이 위험에 처해 있는 이유입니다."

그러곤 또 물었다.

"무엇을 다르게 하겠습니까?"

어떤 교육 담당자가, 리더들에게 협업 방법을 가르치자고 상사에게 제안했다.

상사가 말했다.

"쓸데없는 짓 하지 마라. 협업은 계급이 올라가면 저절로 된다."

이 상사는 과거에 좋은 성과를 낸 덕분에 승진했는지 몰라도 지금 시대엔 맞지 않는 사람이다. 지금 우리가 맞닥뜨리고 있는 4차 산업혁명 시대는 협업을 통해 통섭과 융합을 이뤄내지 못하면 생존하기 어렵다. 통섭(統攝)은 여러 분야의 지식이 통합되어 시너지를 내는 것이고, 융합(融合)은 다른 종류의 것이 녹아서 하나로 통합되는 것이다.

이젠 다양한 분야의 지식과 경험을 통합하고, 그걸 하나로 녹여내야 하는 시대가 됐다. 통섭과 융합의 시대다. 혼자 잘해서 성공할 수 있다는 패러다임은 이미 물 건너갔다. 통신과 가전이 결합한 사물인터넷이 융합의 대표적 사례다. 통신과 자동차 기술의 융합이 자율 주행 자동차를 탄생시켰다. 이제는 언제 어디서 통섭과 융합의 또 다른 사례가 탄생할지 모른다.

사람들은 두려워한다.

'그럼 난 뭘 해야 하지? 뭘 새로 배워야 하지? 새로운 업종을 알아봐야 하나?'

불안해한다. 그러나 염려할 필요는 없다. 지금까지 해오던 방식과 조금만 다르게 하면 된다. 지금까지 혼자 열심히 했다면 이젠 주변 사람들과 함께 일하는 것이다. 주변의 다른 분야 사람들과 협업하는 것이다. 자기 분야에서 열심히 하는 동시에 다른 분야의 사람들과 대화하고 정보를 주고받는 것이다. 분야를 구분하지 않고 눈과 귀를 열어놓고, 호기심을 가지고 다른 분야 사람들과 교류하고 협업하는 것이다.

협업에 대해 오해하지 말자. 예전의 협업은 함께하면 혼자 할 때보다 더 좋은 성과를 낼 수 있다는 개념이었다. 그러나 지금의 협업은 함께하지 않으면 혼자서는 아무것도 할 수 없다는 걸 의미한다. 협업 없이는 통섭도 어렵고 융합도 어렵다는 걸 의미한다.

예전의 협업이 선택이었다면, 지금의 협업은 필수불가결이다. 혼자 열심히 일하던 방식에서 벗어나 다른 분야의 사람들과 함께 일하는 방식으로 바꾸지 않으면 생존하기가 어렵게 됐다. 통섭의 시대, 융합의 시대, 협업의 시대다.

리더들은 명심해야 한다.

첫째, 이 시대엔 리더 자신이 주인공이 되려 하면 안 된다. 다른 사람들이, 부하 직원들이 주인공이 되게 해줘야 한다. 그러다 보면 나중엔 리더도 결국 주인공이 되겠지만, 순서가 중요하다. 리더가 먼저 주인공이 되는 게 아니라 부하 직원들이 먼저 주인공이 되게 하는 것이다. 이유는 간단하다. 성공하려면 각 분야 지식의 통섭이 일어나고 융합이 일어나야 하는데, 그러기 위해선 각 분야 담당자들이 자발적이고 주도적으로 일해야 한다. 그들을 먼저 주인공으로 만들어줘야 하는 이유다.

리더는 고민해야 한다.

'어떻게 하면 직원들이 성공할 수 있게 도울 것인가? 어떻게 하면 직원들이 주인공이 되게 해줄 것인가?'

'어떻게 하면 함께 일하는 사람들이 성공하게 해줄 것인가? 어떻게 그들을 주인공으로 만들어줄 것인가?'

그렇게 했을 때 그들뿐만 아니라 리더 자신도 주인공이 될 수 있다. 결과가 있으려면 반드시 원인이 있어야 한다. 원인이 있으면 반드시 결과가 있다. 원인과 결과의 법칙이다. 자연법칙의 진리다.

둘째, 시도 때도 없이 누구에게든 물어야 한다. 지금은 인류 최초로 선배들이 후배들에게 배워야 하는 시대라고 한다. 예전의 리더는 부하 직원들의 일을 웬만하면 다 알고 있었지만, 지금은 부하 직원의 업무에 대해 모두 알기 어렵다. 리더가 모르는 게 더 많아졌다. 그래서 리더는 물어야 한다. 모르면서 아는 체하지 않고, 모르는 걸 부끄러워하지 않고, 후배에게 당당하게 물을 수 있는 자신감과 유연성이 요구된다.

새로 배워서 자기가 직접 하겠다는 생각은 위험하다. 빠른 변화를 따라잡기 어려울 뿐만 아니라 다양한 분야의 방대한 지식을 한 개인이 모두 알기란 불가능하다. 모른다고 창피해할 필요가 없다. 모르면 물어보면 된다. 후배들은 모르면서 아는 척, 뒷짐 지고 있는 선배보다 적극적으로 묻고 배우는 선배를 더 좋아한다. 좋아하고 싫어하고를 떠나서 그렇게 하지 않으면 생존하기 어렵게 됐다.

디지털 혁명의 시대, 4차 산업혁명의 시대, 뭘 어떻게 해야 할지 모르겠다. 하지만 너무 겁먹을 필요는 없다. 방법이 있다.

'후배들을 주인공으로 만들어주고, 모르는 건 후배들에게 물어보

면 된다.'

'여기에 하나 더……. 아주 작은 행동을 당장 실천하는 것이다.'

우연은 없다. 움직여야 결과가 따른다. 아무것도 하지 않으면 아무 일도 생기지 않는다. 행운은 작은 움직임에서 비롯된다. 밖에 나가서 움직여야 비도 맞고 눈도 맞을 수 있다. 후배들이 고민을 상담할 때마다 말해준다.

"고민만 하지 말고 아무거나 해봐라. 움직여봐라. 움직이다 보면 방법이 생긴다."

자기 조직이 처한 상황, 자신의 애로 사항을 토로하는 리더들이 많다. 끝까지 듣고 난 뒤에 묻는다.

"지금 상황을 개선하기 위해 무엇을 다르게 하겠습니까?"

계속해서 묻는다.

"구체적으로 할 수 있는 아주 작은 행동은 무엇입니까?"

다르게 하지 않으면 다른 결과를 얻기 어렵다. 같은 행동을 반복하면 같은 결과를 얻을 수밖에 없다. 지금까지 해온 것과는 다르게 해야 살아남을 수 있다.

'혼자서도 잘해요!'라는 말은 이젠 시대착오적 생각이다.

이 시대의 정신은 '함께하지 않으면 살아남을 수 없다'이다.

함께하지 않으면 생존하기 어려운 시대, 협업의 시대다.

해인사에서 배운
인생의 지혜

오래전 여름휴가 때 4박 5일짜리 해인사 참선 프로그램에 참가했다. 백여 명의 사람들이 한방에서 함께 생활했다. 여자들은 오른쪽, 남자들은 왼쪽에서 잤다. 절의 경치를 감상하면서 우아하게 지내다 가겠다는 내 꿈은 단박에 깨졌다. 이불도 대충 지급됐고 베개는 아예 없었다. 나는 베개 없이는 잠을 잘 자지 못한다. 난감해하고 있는데 참가자 중 해병대 출신이 강력하게 항의했다.

"이거 너무한 거 아닙니까? 해병대에서도 베개는 줍니다."

그러나 항의는 받아들여지지 않았다. 할 수 없이 각자 자기 소지품을 이용해 베개를 삼았다. 괜히 왔다는 후회가 밀려들었다. 고생문이 훤하겠다는 생각이 들었다. 참선 프로그램의 취지는 여러 사람들이 함께 생활하다 보면 그 속에서 불편함을 느끼고 그걸 해소하는 과정에서 인격 수양이 된다는 거였다.

어느 스님에게 들은 말이다.

"여러 사람들이 함께 모여서 생활하면 수행은 저절로 됩니다. 한 방에서 오랫동안 같이 생활하다 보면 온갖 불편한 일이 다 생깁니다. 서로 지지고 볶으면서 지내다 보면 어느새 수행이 깊어져 있습니다."

여러 사람이 한방에서 함께 생활하는 것 자체가 수행이라는 말에 고개가 끄덕여졌다.

예전에 들은 말이 생각났다.

"부부 생활은 대단한 수행이다. 서로 다른 환경에서 자란 사람들이 결혼하여 한 방에서 생활해야 하니 얼마나 불편함이 많겠는가? 지지고 볶으면서 서로의 차이를 극복하고 함께 살아가는 것, 그게 바로 부부 생활이다. 그래서 부부 생활은 고차원의 수행이다."

해인사 참선 프로그램에 도착하자마자 참가자들의 소지품을 모두 회수했다. 큰 비닐봉지에 개인 물품을 모두 넣고 봉인했다. 세면도구와 의류 등 꼭 필요한 것만 제외하고, 휴대폰은 물론이고 책, 과자 등 모든 걸 회수했다. 일부 참가자들이 항의했지만 받아들여지지 않았다.

참가자들에겐 세 가지 규칙이 주어졌다.

첫째는 묵언(默言)이다.

말을 하지 않는 거다. 4박 5일 동안 참가자들끼리는 어떤 말도 해선 안 된다. 말하는 순간, 퇴소 조치한다. 꼭 해야 할 말이 있을 때는 진행하는 스님에게만 말하는 것이 선별적으로 허용된다.

둘째는 차수(叉手)다. 두 손을 아랫배에 포개는 거다. 걸을 때는 물론이고 프로그램 기간 내내 무조건 차수해야 한다. 뛰어갈 일이 있어도 차수하고 뛰어야 했다. 차수는 마음을 한곳에 모으는 연습이다. 신기하게 아랫배에 손을 포개고 있으면 마음이 고요해진다.

세 번째는 하심(下心)이다. 자기를 낮추고 상대방을 높이는 거다.

이 세 가지는 절에서 생활하는 내내 지켜야 했다. 어기면 쉬는 시간에 108배를 해야 하는 벌칙이 주어졌다. 절하는 건 하심하는 수행 방법이다. 그래서 절하는 걸 벌칙으로 정한 게 못마땅했지만 내 항의도 받아들여지지 않았다. 이 세 가지 규칙을 지킬 자신이 없으면 퇴소하라고 으름장을 놓았다. 첫째 날 밤에 많은 사람들이 집으로 돌아갔다.

억울한 규칙, 못마땅한 규칙들이었지만, 그것 때문에 하산한다는 게 자존심 상했다. 그래서 버텨보기로 했다. 얼마나 더 괴상한 일들이 벌어질지 몰랐지만 스스로 선택한 것이기에 한번 지내보기로 했다.

묵언을 계속하니까 신기한 일이 생겼다. 처음엔 말을 못해서 답답했는데 시간이 지날수록 말을 하지 않는 게 오히려 더 편안해졌다. 참가자들 사이에서 갈등이 생기질 않았다. 참가자들이 모두 마음에 들었다는 게 아니다. 못마땅한 사람들이 많았다. 아무 데서나 방귀를 붕붕 뀌는 등 공중 질서를 지키지 않고 제멋대로인 사람들도 있었다. 그때마다 불편한 마음이 올라왔다. 그러나 말을 할 수 없었으므로 그냥 넘어갈 수밖에 없었다. 신기하게도, 말하지 않고 그냥 넘어가니까 불편했던 마음이 곧 사라졌다. 나중엔 말하지 않는 게 오히려 편했다.

말 때문에 오해가 생기고 갈등이 생긴다. 말로 짓는 죄를 구업(口業)이라고 한다. 말을 하지 않으니 말로 짓는 죄에서 자유로울 수 있었다. 또 생각이 선명해졌다. 말을 하지 않으니 마음속으로 어떤 생각을 하고 있는지 선명하게 알아차릴 수 있었다. 묵언은 꽤 해볼 만한 것이었다.

자기가 무슨 말을 하는지도 모르면서 장황하게 말하는 것보다, 자기가 무슨 생각을 하고 있는지 알아차리면서도 말을 하지 않고 절제하는 게 무척 상쾌했다. 정신 건강이 좋아지는 것 같았다. 해인사 참선 프로그램 이후 가끔 생각했다.

'아무 말도 하지 않고 살 수 있으면 얼마나 좋을까? 오해도 생기지 않고, 갈등도 생기지 않을 텐데…….'

묵언이 통찰을 줬다면 차수는 재미를 줬다. 앉아 있을 때나, 걸을 때나, 심지어 뛰어갈 때도 아랫배에 두 손을 모아야 한다.

해인사엔 차수에 대해 전해오는 이야기가 있다. 해인사에선 출가하면 무조건 차수를 해야 한다. 앉아 있을 때나 걸어갈 때나 차수가

늘 생활화되어 있다. 해인사 행자 생활은 고되기로 유명하다. 그래서 견디지 못하고 야반도주하는 행자스님들이 꽤 있다. 하지만 도망가는 행자스님들은 멀리 못 가서 덜미가 잡혔다. 차수가 생활화된 행자스님들은 도망가는 와중에도 차수를 하고 뛰었다. 차수하고 뛰어가는 사람들은 누가 봐도 행자스님들이었다. 이를 본 마을 사람들이 신고해서 도망가는 행자스님들은 모두 잡혀왔다고 한다.

차수는 마음을 한곳으로 모으는 좋은 방법이다. 해인사 프로그램 이후, 마음을 한곳에 집중해야 할 때에는 두 손을 아랫배에 모은다. 생각이 아랫배에 집중된다. 짜증이 날 때도 차수한다. 일상생활에서 하루 10분 정도 차수를 하면 마음이 고요해질 뿐만 아니라 건강도 좋아지는 걸 느낄 수 있다.

그중에서 제일 안 되는 게 하심이다. 묵언과 차수는 겉으로 드러나지만 하심은 겉으로 드러나지 않기 때문에 그 사람이 하심하고 있는지 모른다. 상대방이 모를 뿐만 아니라 자기 자신도 잘 모른다. 생각으론 하심하겠다고 하지만 잘 안 된다. 내가 잘났다는 마음이 곧바로 고개를 쳐든다. 하심은 상대방을 존중하는 것이고 겸손한 것이다.

자신이 하심하고 있다는 걸 어떻게 알 수 있을까?

한 가지 방법은 자기주장을 얼마나 강하게 하는가이다. 자기 생각만 옳고 상대방의 생각이 틀렸다고 생각되면 하심하지 않고 있다고 봐도 좋을 것이다.

상대방과 대화할 때 내 생각이 틀렸을 수도 있다고 생각하면서, 상대방의 말에 온 마음을 기울여 듣는다면 하심하고 있다고 할 수 있을 것이다.

해인사 4박 5일 프로그램은 매우 힘들었다. 그래도 묵언, 차수, 하심을 배운 건 내 인생에서 커다란 전환점이었다. 비록 실천하긴 어렵지만, 지금도 지키려고 노력하고 있다.

생각 알아차리기 연습

많은 사람들이 고통을 호소한다. 그중에는 생각만 바꾸어도 간단히 없어지는 게 있다.

산길을 가다가 뱀을 만났다. 기겁하고 줄행랑쳤다. 하지만 꼭 지나야 하는 길이어서 큰 지팡이를 들고 다시 그 길로 갔다. 지팡이로 헤집으며 자세히 보니 뱀이 아니라 새끼줄이었다. 놀랐던 마음이 흔적 없이 사라진다.

착각으로 생긴 고통은 착각만 걷어내면 깨끗이 없어진다.

동료가 나를 험담하고 다니는 줄 알았는데 알고 보니 오해였다. 순식간에 동료에게 화났던 마음이 사라진다.

대부분의 고통은 자기 생각에서 비롯된다.

'저 사람 왜 저래?'

'저 사람 왜 저렇게 건방져?'

'저 사람 왜 저렇게 이기적이야?'

내가 이렇게 생각하는 상대방의 모습은 실제의 모습이 아니다. 내 생각이 만들어낸 상대방의 모습이다. 내 기분에 따라, 내 상태에 따라 상대방은 달라 보인다.

'상대방은 실제로 미운 사람인가? 아니면 내가 미워하는 사람인가?'

다른 사람이 마음에 거슬린다는 건 자신에게 문제 있는 경우가 많다. 자신이 반응하는 정도에 따라 큰 고통이 되기도 한다. 그 고통에서 벗어나는 방법은 상대방을 변화시키는 게 아니라 자기 생각을 살피는 것이다. 우린 상대방을 변화시킬 수 없다. 오직 자기 생각만 돌이켜볼 수 있을 뿐이다.

'나는 왜 이렇게 생각하지? 나는 왜 화가 나지? 나는 왜 즐겁지?'

모든 해답은 자신에게 있다. 자신이 그렇게 생각하는 이유를 알아야 한다. 자신을 괴롭히는 건 상대방이 아니라 자기 생각이기 때문이다. 자기 확신이 자신을 괴롭힌다.

후배들에게 자주 말한다.

"소가 물을 먹으면 우유가 되고 뱀이 물을 먹으면 독이 되듯이, 강사가 책을 읽으면 강의가 된다. 책을 많이 읽어라."

옆에서 잠자코 듣고 있던 친구가 말했다.

"야, 뱀에게 너무 야단치지 마라!"

어이가 없었다. 이렇게 말귀를 못 알아들을 수 있는가? 짜증을 내면서 내가 말했다.

"내 말은 그게 아니잖아. 달을 가리키면 달을 봐야지. 달은 보지 않고 왜 손가락만 보냐?"

그런데 그 친구는 박사이고 대학교수다. 내 말뜻을 몰랐을 턱이 없다.

곰곰이 생각했다.

'이 친구가 왜 이런 말을 했을까?'

그 친구가 왜 그런 말을 했는지 내가 어찌 알겠는가? 아무리 생각해도 알 수 없었다. 어젯밤에 그 친구가 무슨 꿈을 꾸었는지 내가 어찌 알겠는가?

질문을 바꾸었다.

'나는 왜 화가 나지?'

수많은 생각이 떠올랐다.

'대화할 땐 상대방이 말하고자 하는 의도를 잘 들어야 한다는 내 신념……'

'그 친구와의 관계, 그 친구에 대한 섭섭한 마음, 그 친구에 대한 기대……'

이런 것들이 얽히고설켜 그 순간 짜증이 난 거였다.

난 알게 됐다. 친구의 말 때문이 아니라, 그 말에 대한 내 해석 때문에 화가 난 거였다.

'저 친구 왜 저래?' 하는 생각은 해결책이 아니다. 고통만 가중시킬 뿐이다.

질문을 바꿔야 한다. 자신에게 물어야 한다.

'나는 왜 이렇게 생각하지?'

그래야 비로소 답을 찾을 수 있는 여지가 생긴다.

사실이나 현상이 아니라, 그에 대한 자신의 생각이 스스로를 힘들게 한다.

익히 잘 알고 있는 원효대사의 일화를 보자. 원효대사가 당나라 유학을 떠났다. 산속에서 밤을 맞았다. 주변이 어두컴컴했다. 갈증이 났다. 마침 옆에 동그란 그릇에 물이 있어서 마셨다. 갈증 탓인지 꿀맛이었다. 그러고는 그 자리에서 곯아떨어졌다. 다음 날 아침이 밝았을 때 원효대사는 어젯밤 자신이 마신 물이 해골에 고인 빗물이란 걸 알게 됐다. 갑자기 구토가 났다. 배 속 깊이까지 토해냈다. 한참 동안 고통에 시달리며 구토하던 원효대사는 깨달았다.

'어젯밤의 물도 해골 물인데 꿀맛이었다. 그런데 왜 지금 이렇게 구토가 나는가? 사실이나 현상은 달라진 게 없다. 오직 그 물이 해골 물이란 걸 알았는지 몰랐는지의 차이만 있을 뿐이다. 그렇다. 일체유심조(一切唯心造)다. 이 고통은 내 생각이 만들어낸 것이다.'

같은 직장에서도 어떤 사람은 행복을 느끼고 어떤 사람은 고통을 느낀다. 같은 조건인데도 사람마다 해석이 다르다.

깃발이 바람에 펄럭이는 걸 보고 한 사람이 말했다.

"저기 봐라. 깃발이 움직인다."

옆에서 듣고 있던 사람이 말했다.

"'아니야, 깃발이 움직이는 게 아니라 바람이 움직이는 거야."

또 다른 사람이 말했다.

"아니야. 둘 다 틀렸어. 깃발이 움직이는 것도 아니고, 바람이 움직이는 것도 아니야. 당신들의 마음이 움직이는 것일 뿐이야."

'상사가 괴롭힌다.'

'후배들이 치받는다.'

'동료들이 무시한다.'

이런 생각들은 사실이 아니다. 단지 자기 마음의 움직임일 뿐이다. 이 마음의 움직임이 자신을 괴롭힌다. 자기가 왜 그렇게 생각하는지, 그 이유를 알아야 고통으로부터 벗어날 수 있는 방법이 비로소 생긴다.

'저 사람들 왜 저래?'

밖으로 화살을 돌리는 방식으론 결코 답을 찾을 수 없다. 저 사람이 어젯밤에 무슨 꿈을 꿨는지 내가 어찌 알겠는가?

'나는 왜 이렇게 생각하지?'

그렇다. 자신이 그렇게 생각하는 이유는 자신이 잘 안다. 그렇게 해석하는 자기 생각의 구조를 성찰할 때 비로소 해결의 실마리를 찾을 수 있다.

나는 아침에 일어나는 즉시 명상을 한다. 숨을 5초가량 천천히 들이쉬고, 5초간 멈춘다. 천천히 숨을 내쉬면서 '이 뭣고?' 한다. 다시 숨을 5초가량 천천히 들이쉬고, 5초간 멈춘다. 천천히 숨을 내쉬면서 '이 뭣고?' 한다. 이걸 계속 반복한다. 이게 내가 명상하는 방식이다. 이렇게 한 시간 정도 한다.

온갖 생각이 다 떠오른다. 어떤 생각이 떠오르든, 그 생각에 대고 '이 뭣고?' 한다.

어제 있었던 일이 생각난다. 화가 치밀어 오른다. 그 생각에 대고 '이 뭣고?' 한다.

오늘 해야 할 일에 대해 기쁜 마음이 생긴다. 그 생각에 대고 '이 뭣고?' 한다.

어떤 생각이 떠오르든 '이 뭣고?'다.

이런 식으로 명상을 계속하다 보면 머리가 맑아지고 마음이 차분해진다. 지난 일들에 대한 성찰이 일어난다.

'어젠 왜 또 그런 말을 했지?'

'왜 그 순간에 욱하는 마음이 올라왔지?'

'왜 그랬을까? 이렇게 했어야 되는데…….'

이런 성찰은 마음의 찌꺼기를 청소해준다. 일상의 번잡함 속에서 자신도 모르게 왜곡된 생각을 바로잡아준다.

명상을 한다는 건 자기 생각을 알아차리는 거다. 자신이 어떤 생각을 하고 있는지, 어떤 욕구를 가지고 있는지, 어떤 일에 화를 내는지, 자기 생각이 어떻게 프로그램되어 있는지, 자기 생각의 구조를 알게 된다.

명상을 계속하면 자기 집착과 자기 왜곡이 무엇인지 뚜렷하게 알수 있다.

자신을 괴롭히는 자기 생각이 무엇인지 알게 된다.

자기 생각에 휘둘리지 않고, 자기 생각에 속지 않게 된다.

명상을 하는 건, 평상심으로 언제 어디서나 행복하게 살아갈 수 있는 최고의 비결이다.

리더, 자기 생각에 속지 마라

초판 1쇄 발행 | 2017년 10월 10일

지은이 | 김종명
발행인 | 김태진, 승영란
편집주간 | 김태정
마케팅 | 함송이
경영지원 | 이보혜
디자인 | 여상우
출력 | 블루엔
인쇄 | 대일문화사
제본 | 경문제책사
펴낸 곳 | 에디터
주소 | 서울특별시 마포구 마포대로 14가길 6 정화빌딩 3층
전화 | 02-753-2700, 2778 팩스 | 02-753-2779
출판등록 | 1991년 6월 18일 제313-1991-74호

값 13,000원
ISBN 978-89-6744-178-4 03320